LOCUS

LOCUS

Smile, please

Smile 65
有錢人想的和你不一樣
Secrets of the Millionaire Mind

作者：T．哈福．艾克 T. Harv Eker
譯者：陳佳伶
責任編輯：陳郁馨
美術編輯：楊雯卉

出版者：大塊文化出版股份有限公司
台北市105022南京東路四段25號11樓
www.locuspublishing.com
電子信箱：locus@locuspublishing.com
讀者服務專線：0800 006 689
電話：（02）8712 3898
傳真：（02）8712 3897
郵撥帳號：1895 5675
戶名：大塊文化出版股份有限公司
法律顧問：董安丹律師、顧慕堯律師

總經銷：大和書報圖書股份有限公司
地址：新北市新莊區五工五路2號
TEL：（02）8990 2588 FAX：（02）2290 1658

初版一刷：2005年12月
初版 111 刷：2021 年 9 月

定價：新台幣250元

Printed in Taiwan

有錢人想的和你不一樣

Secrets of the Millionaire Mind

T. Harv Eker◎著
陳佳伶◎譯

目錄

哈福・艾克到底是什麼傢伙？爲什麼我要讀他的這本書？

來上我訓練課程的人，通常一開始就會被我嚇到，因爲我會說：「我說的話你一個字都不要相信。」爲什麼我會這樣建議呢？因爲這是我從自己的經驗得到的結論。我所分享的所有概念和智慧，本質上都沒有絕對的眞或假，對或錯，而只是反映了出現在我自己和我千萬個學生身上的結果。話雖如此，我卻深信，如果你們把這本書所講的原則付諸實行，你們的生命一定會徹底改觀。不要只把這本書拿起來讀一讀，而要好好研究它，就當作你的人生都得仰賴這本書了，然後親身試驗書上的觀念，如果發現那些觀念有用，就繼續做，沒有用的，你大可把它丟掉。

我可能有點偏頗，但我要說，談到錢這件事，這本書可能是你一輩子所讀的最重要的一本書。我知道這麼說太大膽，不過事實就是，在你對成功的渴望與你實際獲得了成功的這兩點之間，有一個環節不見了；而這本書就是那個關鍵環節。也許你已經發現了一件事：渴望成功和實際獲得成功，實在是兩個世界。

你一定也讀過其他的書，或者聽過其他的有聲書，可能也上過課，學過各種關於房地產、股市、做生意的投資致富方法。請問你，效果如何？我想對大部分人來說根本不起作用，只不過短暫充滿了能量，沒多久就又回到原狀。

你總算要在這裡得到答案了。這是很簡單的定律，所以你不會走冤枉路。這個答案就是：**如果你潛意識裡的「金錢藍圖」不是把目標「設定」在成功，那麼你不論學了什麼，懂了什麼，做了什麼，都不會有任何效果。**

這本書的每一頁，都想爲你解開迷惑，讓你明白爲什麼有些人注定成功，有些人卻注定一輩子要爲錢辛苦奔忙。你會了解是什麼根源造就了人的成功、一輩子平庸、或者理財的成功或失敗，並且開始朝更好的財務狀況前進。你會知道，童年經驗如何影響每一個人的金錢觀，以及這些影響是如何形成了會打擊自己的思想和習慣。你會體驗到威力強大的宣言，它會幫助你改採心靈的「財富檔案」，把你原先那些沒有建設性的想法換掉，讓你像有錢人一樣思考，像他們一樣成功。你還會學到實用的策略，讓你逐步上手，從增加收入到累積財富。

在本書的第一篇，我們會解釋每一個人對於錢的想法和行動是如何被制約的，而且提出四項可以修改內在金錢藍圖的關鍵策略。在第二篇，我們將對照檢視有錢人和窮人的思考方式，提供十七種態度和行動；只要你採用了這些方法，你的財務狀況將會從此完全改變。書中並安插了幾個從數千封學員的信件和電子郵件中篩選而得的例證，他們的人生都在上過我的課程之後產生巨大改變。

□

那麼，我個人的經驗又如何？我又是從哪裡來的？我是不是一直都那麼成功呢？啊，但願如此！

我就像你們多數人一樣，具備很多的「潛力」，但幾乎沒有發揮多少。我讀過好多書，聽過好多有聲書，也上過好多訓練課程，我眞的眞的眞的非常想要成功，不知道是爲了錢，爲了自由或成就感，或者只是爲了證明我沒有辜負爸媽的期望，總之我以前眞是想「成功」想到快發瘋。

二十幾歲的時候，我做過好幾種生意，每一次都夢想著財富指日可待，不過結果都很慘淡，而且一次比一次慘。

我努力工作得像條狗，卻總是左支右絀。我得了「尼斯湖水怪病」：我聽過這種叫做

「賺錢」的東西，可是我從來沒看過。我老是想：「如果我走對了行業，騎上了對的馬，我就會成功。」不過我錯了……都沒有用，至少對我沒有用——正是這句話的後半段給了我一記當頭棒喝，爲什麼別人跟我做一模一樣的生意會成功，但我還是一窮二白？我這位「潛力先生」究竟是出了什麼問題？

於是我認眞展開了一趟心靈探索，檢視我的信念，然後發現，我雖然嘴上嚷著好想發財，但是我內心對於賺錢這件事有一些根深蒂固的憂慮——大部分是害怕。害怕失敗。害怕成功之後會不會莫名其妙又失去一切，變成大飯桶。更糟的是，我怕會輸掉自己一直小心維護的那個東西：那個我說自己擁有無限「潛力」的「故事」。萬一我發現自己並不具備成功的條件，而是注定了一輩子庸庸碌碌呢？

然後，實在是好運，我父親一位有錢的朋友到我爸媽家和「男孩們」玩撲克牌，中場休息時發現了我。那是我第三次搬回家住，我住的是「底層套房」，也就是地下室。我猜我爸可能向這位友人抱怨過我悲慘的處境，因爲他看我的眼神裡有一份同情，那通常只在葬禮上才會出現。

他說：「哈福，我一開始也跟你一樣，一個扶不起的阿斗。」太好了，我心想，聽到這些眞是好過太多了。我應該讓他知道我很忙……忙著看牆壁上的油漆剝落。

他繼續說：「不過後來我聽到一些忠告改變了我一生。我也想告訴你。」

拜託，老爸訓話的場景又要上演，而他不是我爸哩！

終於他說：「哈福，如果你做的不如自己的預期，那只是因爲你還有些事情不了解。」

我當時乳臭未乾，以爲自己什麼都懂，但是銀行戶頭持相反意見。所以我開始認真聽，他說：「你知道大部分的有錢人的想法都很相像嗎？」

我說：「不知道，從來沒這樣想過。」

他回答：「我沒有科學根據，不過大致上來說，有錢人具備某些思考方式，而窮人則是用完全不同的方式思考，這些思考方式決定了他們的行動，也因此決定了他們的結果。」

他繼續說：「如果你是用有錢人的方式思考，做有錢人做的事，你認爲你可不可能也變成有錢人呢？」

我記得我用稀軟的自信心回答道：「我想會吧。」

他回答：「那麼，你只需要做一件事，就是去模仿有錢人的思考方式。」

那時候對凡事都容易起疑心的我，對他說：「那麼，你現在在想什麼？」

他回答：「我在想，有錢人都會信守承諾，我現在的承諾就是要去找你爸，他們正在等我呢。回頭見。」

他走出去了，不過他的話留在我腦子裡了。

那時的我一敗塗地，於是我想，管他的，我就開始全心研究有錢人和他們的思考方式。我學習所有心靈運作的內在法則，但主要集中在與金錢和成功有關的心理。我發現事情眞的是這樣：有錢人的想法，眞的與窮人和甚至環境小康的人都不一樣。終於，我發現了我過去的思想是如何阻礙了我獲得財富；更重要的是，我學到好幾種有效的方法和策略，重新設定我的心靈與思惟，讓自己採用和有錢人同樣的方式思考。

最後，我對自己說：「廢話說夠了，來接受試驗吧。」我決定再做一項生意。因爲我非常喜歡健身和運動，所以我在北加州開了第一家健身用品經銷店。我沒有現金，於是用信用卡借了美金兩千元當作創業資金。我開始運用我從有錢人身上所學來的經商策略和思考策略，第一件事就是：相信自己一定會成功，而且只許成功不許失敗。我發誓我會集中心力，直到我成爲富翁才會離開這個事業。這與我過去的方式完全不同。我以前總是只想得到短期的好處，所以常常在遇到更好的機會或是發現情況不理想的時候就掉頭轉向。

而且，每當我在錢方面又出現了消極的態度或是無用的思考，我也會開始挑戰自己的內在模式。過去的我，相信我自己心裡說的就是眞理，但是後來我學到，我的心靈可能就是阻礙我成功的最大障礙。於是我選擇了不去理會那些對於我的財富遠景毫無助力的想法——我採用了你在這本書裡將要學到的所有原則。有效嗎？老天，超有效！

我這次做的生意太成功了，兩年半就開了十家分店。後來，我把公司一半的股份以一百六十萬美金的價錢賣給了一家名列《財星》雜誌五百大的企業。

然後我搬到了陽光普照的聖地牙哥，花了幾年精進我的經營策略，並且開始做一對一的企業顧問。我想我這工作應該對人很有幫助吧，因爲大家不斷介紹朋友、合夥人和同事給我。沒多久我就開始同時一次帶領十個人，有時候是二十個人的團體。

我的一個客戶建議我乾脆開課傳授。我覺得這個主意不錯，於是成立了「街頭智慧商學院」（Street Smart Business School），把「街頭」的商業策略教給數千位學員，幫助他們達到「高速」成功。

我在北美各地往來穿梭主持研習會的時候，發現了一個奇怪的現象：你會看到兩個人在同一間教室裡並肩坐著，學習同樣的原則和技巧，其中一個人會運用這些工具，快速達到成功，但是坐在他旁邊的另外一個人呢，什麼都沒有變得怎麼樣！

那很明顯表示，你可能擁有了最棒的「工具」，不過你的「工具箱」（我現在指著我的頭）有一個小裂縫，那就麻煩了。爲此，我設計了一個以追求金錢和成功的內在遊戲爲主題的「有錢人腦袋密集訓練課程」(Millionaire Mind Intensive Seminar)。當我把內在遊戲（工具箱）與外在遊戲（工具）結合之後，結果幾乎每個人都一飛沖天！這，也就是你們將在這本書中學到的：如何掌握內心的金錢遊戲，以贏得外在的金錢遊戲——也就是，如何用有錢人的思考來讓自己變有錢！

□

人們時常問我，我的成功是屬於「撈一票」型還是持續型。我想這麼說明：我運用自己所教導的那些原則，到現在已經賺進好幾百個幾百萬，現在並且是幾千萬富翁的好幾倍。大致上，我的投資結果都賺錢，所挹注的事業也業績長紅。有些人告訴我，說我有「點石成金」的魔力，凡是我參與的事業一定能賺大錢。他們說得沒錯，但是他們可能不了解，所謂的擁有點石成金的能力，也就是擁有一個把目標設定爲成功的「金錢藍圖」——而這個能力，你在學會了這些原則並且付諸行動之後，也會擁有。

在早期的「有錢人腦袋密集訓練課程」裡，我通常會問學員：「請問有多少人是來這裡學習的？」這個問題有點詐，因爲如同作家喬許・比令斯說的：「阻止我們成功的並不是我們不懂的事情。那些我們深信不疑、但其實不然的事情，反而是我們最大的阻礙。」這本書與其說是關於學習，還不如說是「拋開你所學到的東西」！因爲你一定要認識到，就是你自己原有的思考和行爲模式造成了今天的你。

如果你眞的很有錢，很快樂，那很好；但如果你不是，我想請你考慮幾種可能性，會不會你的某些想法並不應該放進你目前認爲正確的或是適合你的「工具箱」裡？

雖然我建議你「不要相信我講的任何一個字」，而且要你在自己的生活裡親身試驗這些概念，但我要請你相信你正在閱讀的這些觀念，並不是因爲你是我的朋友，而是因爲成千上萬的人已經因爲運用了這本書裡的法則而完全改變了自己的生命。

談到信任，我想到我很喜歡的一個故事。有一個男人走在懸崖上，突然失去平衡，滑了一跤，摔下懸崖，但是他很幸運抓住了崖壁，爲了保命只好懸掛在那裡。掛著掛著，最後他大叫：「上面有沒有人可以來幫我？」終於，有一個洪亮的聲音回答他：「我是上帝，我可以幫助你。你把手放開，要完全信任我。」然後你聽到：「上面有沒有別人可以來幫我？」

這個故事的道理很簡單：如果你想往上升到更高的生命層次，就必須願意放棄一些舊的思考和存在方式，並且接受新的方式。最後結果會爲你證明一切。

第一篇

金錢藍圖

致富其實是一種心理遊戲

我們生活在一個二元對立的世界裡：上與下、明與暗、冷與熱、內與外、快與慢、左與右。這些還只是千百種對立之中的幾個例子而已。有了一個極端，表示一定同時有相對的另一端存在。有了右邊，不可能沒有左邊。

所以，在錢這件事上，有「外在」的法則，當然也有「內在」的法則。外在的法則包括商業知識、理財、投資策略等等，這些是很重要的因素，不過內在技巧也一樣重要。舉個例子來說，想成爲一個頂級的木匠，擁有頂級的工具固然重要，但是能不能善加使用這些工具才是關鍵。

我個人有句名言：「不但是要時間對了、地方對了，你自己這個人也必須對了。」所以，你是誰？你如何思考？你的信念是什麼？你有哪些習慣和特質？你對自己眞正的感覺是什麼？你如何與別人建立關係？你對別人的信任有多少？你眞的覺得自己值得擁有財富嗎？在覺得恐懼、憂慮、挫折與種種不方便的情況下，你的行動能力如何？你在心情不好的時候還能夠行動嗎？

事實上，你的性格、思想和信念，決定了你的成就能有多高。

我最喜歡的作家之一韋爾德(Stuart Wilde)說過：「成功的關鍵在於提高你的能量；當你提高了能量，別人自然會被你吸引。一旦他們慕名而來，你就要他們付錢！」

致富法則：

你的收入，只能增加到你最願意做到的程度！

爲什麼金錢藍圖很重要？

你有沒有聽說有人在財務方面「一塌糊塗」？你有沒有注意過，有些人本來有很多錢，後來卻千金散盡？有人的起頭做得很好，後來卻搞砸了？從表面來看，這些人是時運不濟、碰上了經濟不景氣，或是遇到了糟糕的合夥人，或是別的什麼。但是，假如從內在因素的角度來看，其實是另外一回事。如果你在還沒準備好的時候就得到一大筆錢，那麼這筆錢極可能不會待在你身邊太久，它們早晚會離開你。

大部分的人都沒有足夠的內在能力去創造並守住大筆的財富，去面對各種伴隨著金錢與成功而來的挑戰——這些原因，讀者諸君啊，就是這些原因使得大多數人沒辦法變成有錢人。

最好的例子就是樂透獎得主。不斷有研究結果顯示，樂透獎得主所贏得的獎金數目不管多高，大部分得主最後還是會回到中樂透之前的經濟狀況，因爲他們只能掌控那麼多財產。

可是呢，那些白手起家的千萬富翁就完全不一樣了。値得注意的是，那些靠自己努力而致富的人，在失去財富之後，通常在很短的時間內就可以把錢全部賺回來。譬如地產大亨唐諾・川普（Donald Trump）就是絕佳的例子。川普本來身價數十億美元，後來一度失去一切，幾年後他就把失去的錢全部賺了回來，而且比先前更富有。

爲什麼會這樣？這是因爲，白手起家的富翁也許也會輸掉萬貫家財，但是他們不會失去那個讓他們獲得成就的最重要因素：也就是他們那顆「有錢人的腦袋」——以川普來說，他腦子裡想的不只是千萬；川普絕對不可能只是千萬富翁而已；如果他的身價只値百萬美元，你認爲他會如何看待自己的財務成就？我想川普可能會認爲自己一貧如洗，一敗塗地！我這麼說應該會有很多人同意。

因爲，川普把自己的財務「調溫器」設定在幾十億的位置，才不是百萬而已。大多數人的財務調溫器都設定在幾千美元，而非幾百萬元的刻度上；有些人的財富調節器只設定在幾百元，另一些人的財務調溫器則設定在零度以下；這些人冷得要死，卻不明白自己為什麼會受凍！

事實上，大多數人都沒有完全發揮自己的潛力，所以無法成功。研究顯示，八〇%的人一輩子無法如願達到財務自由的狀態，而有八〇%的人從來不覺得自己眞正快樂。

原因很簡單。因為大多數人都沒有意識到自己在方向盤前面昏昏欲睡，他們的工作和思想都只停留在表面——他們只看他們看得到的東西，只活在肉眼可見的世界裡。

種什麼因，結什麼果

想像一棵樹。假設這棵樹是生命之樹。在這棵樹上結了果實。在現實生活中，我們的果實就是我們的成績。所以，當我們看到果實（我們的成績）感覺不滿意，這可能是因為果實的數量不夠，果子太小，或是不好吃。

那麼我們怎麼辦？大部分人會把更多心思和焦點都放在果實上面。但是，眞正製造這些果實的是什麼呢？是種子和根。

地上的東西，是地面下的東西製造出來的；我們看見的東西，來自於我們看不見的東西。那是什麼意思呢？意思是，如果你想改變果實，你首先必須改變它的根；如果你想改變看得見的東西，你必須先改變你所看不見的東西。

致富法則：

如果你想改變果實，你首先必須改變它的根；如果你想改變看得見的東西，你必須先改變你所看不見的東西。

一定有人會說：「眼見爲憑。」我要反問這種人：「那你爲什麼要花錢買電來用呢？」你看不見電，但是你一定知道它的力量，也在使用它。如果你對於電的存在有任何疑惑，不妨直接把手指插進插座裡，我保證你的疑惑會瞬間消失。

我從自己的經驗得知，在這世界上，看不到的東西，它的威力遠勝過我們看得到的任何東西。你可能同意也可能不同意這個說法，不過若是你沒有把這個道理運用在生活中，一定會吃虧。爲什麼？因爲你違反了自然律：地下的東西製造出地上的東西，看不見的東西創造出看得見的東西。

人類也是大自然的一部分，並不高於大自然。因此，假如我們順從自然的定律而行，把功夫下在根源處——也就是我們的「內在」世界，那麼我們的生命也會平順開展。如果不這樣，生活就會窒礙不順。

在地球上的每一座森林、農場、果園裡，都是由地下的東西創造出地上的東西。所以，你把力氣花在已經長出來的果實上是白費力氣了，因爲你無法改變已經懸在樹上的那些果實。

但是，你可以改變明天長出的果實——若想這麼做，你必須先深入地面，讓果樹的根部變強壯。

靈性世界	**精神世界**
物質世界	**情感世界**

你必須了解一項重要事實，就是我們不是只生活在一個平面上，而是至少同時存在於四個不同的象度上。這四個象限是：物質世界，精神世界，情感世界，靈性世界。

大多數人不了解，「物質世界」只不過是其他三個世界的「列印件」罷了。

舉個例子來說明。假設你在電腦上寫了一封信，按下列印鍵，印表機把你剛才所寫的內容列印出來。你看著列印稿，哎喲，發現了一個錯字。你拿出你那好用的立可白，把錯字蓋掉，然後再按列印鍵——怎麼搞的，新印出來的信還是有那個錯字。

老天爺，這種事怎麼可能發生？你明明把它塗掉了啊！於是你更用力，塗了更多層立可白，甚至還找了一本「如何使用立可白」的書來研究。現在你握有了「工具」和「知識」，一切準備就緒。於是你再次按下列印鍵，結果還是一樣！「不可能！」你大叫：「怎麼可能這樣？發生了什麼事？我是在陰陽界嗎？」

事情是這樣的，問題並不出在「列印件」這個物質的世界，而必須要從「設定」下手，也就是發生在精神的、情感的和靈性的世界。

金錢是一種結果。財富是一種結果。健康是一種結果。生病是一種結果。你的體重也是一種結果。我們活在一個有因有果的世界。

你有沒有聽人說過，缺錢是個問題？現在，你聽清楚了：缺錢，絕對、絕對、絕對不是一個問題。缺錢只是一種症狀，它透露了表面之下的狀況。

缺錢是一種結果，那麼，什麼是造成缺錢的根本原因？一言以蔽之：唯一能改變你的「外在」世界的方式，就是先去改變你的「內在」世界。

致富法則：

金錢是一種結果。財富是一種結果。健康是一種結果。生病是一種結果。你的體重也是一種結果。我們活在一個有因有果的世界。

不管你得到的結果是什麼，是窮是富，是好是壞，是正面還是負面，你都應該永遠記住一個道理：你的外在世界，只不過是你內在世界的反映罷了。如果你的外在生活過得不好，那是因爲你的內在生活不順遂。就是這麼簡單。

促成改變的強效祕訣：宣言

在我所開設的訓練課程裡，我們使用「加速學習」技巧來讓你學得更快，記得更多。這個技巧的關鍵在於「參與」。這套訓練法的基本做法來自於一則古老諺語：「你聽到了，會忘掉；你看到了，會記得；你去做了，會了解。」

所以我現在要求你，讀了這本書裡的一項重要法則之後，就要把手放在心上，提出一個口頭的「宣言」，然後用食指碰一下你的頭，再做另一個口頭「宣言」。什麼是宣言？它是一個大聲強調的積極聲明。

為什麼提出宣言是一件重要的事？

因為，世間萬物都是由能量構成，而所有的能量都是以頻率和振動的方式在移動。當你大聲說出一個宣言，它的能量就會穿透你身體裡的細胞，而假如這時候你同時還碰觸著自己的身體，你就能感覺到它特殊的共鳴。宣言不但能把一個特殊的訊息傳達到宇宙中，也能把一個強而有力的訊息傳送到你的潛意識裡。

宣言和宣誓的差別其實不大，不過我認為它們之間的微小差異卻造成了非常不同的影響。「宣言」的定義是：「正式表述你想採取某個行動或是某個立場的意願。」

至於當你在宣誓時，表示有了一個目標。我不怎麼喜歡宣誓，因為，通常我們用篤定的口氣說某事必然為真的時候，我們腦子裡那個小小的聲音往往會回答：「這不是真的，這是胡扯！」

反過來看，提出宣言就不是在表明某事為真，而是在陳述我們有心想要做某件事、想成為某種人。這種方式，我們心中那個小聲音就願意接受了，因為我們不是在說這件事現在是真的，而是在說：**這是我們想要看到的未來**。

就意義來說，提出宣言也是正式的，它是把能量投入宇宙、穿透你身體的一個正式聲明。

從這個定義而來的另一個詞也很重要——行動。你必須採取一切的必要行動，讓你的意念成爲事實。

我建議你每天早上和晚上都把你的宣言大聲說一次。假如能對著鏡子說出你的宣言，將更能加速它的實現。

我必須承認，我第一次聽說這個方法的時候，我先是想著：「我才不要做。這太扯了。」不過由於我當時實在山窮水盡了，所以最後我決定：「管他的，試試看吧。反正又不會死。」然後我就開始做了。現在呢，我發財了。所以當我說我相信宣言眞的有效，應該不會令人意外吧。

總之，我寧願做一件看起來很離譜的事但我最後變很有錢，也不要看起來很酷可是窮到要當褲子。你呢?你要選哪一個?

好啦，現在，請你把手放在你的心上，照著以下這些句子念一遍：

這是我的宣言：

「我的內在世界創造了我的外在世界。」

然後，摸著你的頭，說：

「這是有錢人的腦袋！」

金錢藍圖是如何形成的？

我去廣播電台或電視台上節目的時候，有一個習慣大家都知道，就是我一定會說出以下這段話：「給我五分鐘，我就能預測你下半輩子的財務狀況。」

致富宣言：

給我五分鐘，我就能預測你下半輩子的財務狀況。

我如何做到？只要跟你聊幾句，我就可以看出你對於「金錢」和「成功」到底懷抱著一份怎樣的「藍圖」。每個人都有一份自己的金錢和成功的藍圖，它深植在我們的潛意識裡。這張藍圖比其他所有東西的總和都更能決定你的金錢命運。

什麼是金錢藍圖？就像建築藍圖是在蓋房子之前所做的計畫或設計，你的金錢藍圖就是你對金錢所擬定的計畫，或是所採取的態度。

以下要介紹一個非常重要的公式，它會決定你如何創造你的生活內容和財富。這個公式，被多位開發潛能的知名講師採用來作爲教學的基礎。它叫做：「實現程序」（Process of Manifestation）：

想法→感覺→行動＝結果

致富法則：

想法產生感覺，

感覺產生行動，

行動產生結果。

你的金錢藍圖，包含了你對金錢的想法、感覺和行動。

那麼你的金錢藍圖是如何形成的呢？答案很簡單，它主要是由你所接收到的資訊、或是「程式設定」所形成的，特別是你在小時候所接收到的資訊。是誰造成了這些程式設定或者制約？對大部分人來說，它們來自於父母、兄弟姊妹、朋友、權威人士、老師、宗教領袖、媒體，以及文化背景。

拿文化來說，某些文化對於金錢有某種想法，而另一個文化對此的觀點卻可能截然不同。你以爲小孩是帶著自己的金錢觀出生的嗎？當然不是。孩子對金錢的想法和做法，都是教育的結果。

這在所有的大人身上也都一樣。你對錢的想法和行爲是被教出來的；這些教導，會變成制約，再變成自動反應，一輩子控制著你。如果你想改變自己的金錢觀，除非你能介入並修正你心中的金錢檔案，才可能做到——而這正是這本書的目的。年年有數千人在我的訓練課程上做到這一點，而且是在深入又持久的層次上得到改變。

前面說過，想法產生感覺，感覺產生行動，行動產生結果，所以現在有一個有趣的問題：你的想法是從哪裡來的？你的想法爲什麼跟別人不一樣？

你的想法來自於你心靈儲藏櫃中的「資訊檔案」，而這些資訊又是從你過去的「程式設定」而來。沒錯，你過去所受到的制約，決定了你心裡會出現哪些念頭。這就是爲什麼我們會說某人的心靈受到了制約。

爲了反映這樣的認知，現在我們可以將「實現程序」修改爲以下這個形式：

設定→想法→感覺→行動=結果

你的設定會產生想法，你的想法產生感覺，你的感覺產生行動，你的行動產生結果。

因此，就像處理個人電腦一樣，只要先改變你的程式設定，就是跨出了重要的一大步，朝向新的結果前進。

我們是如何被制約的呢？我們在生活的每一個領域中都被三個主要的方式制約：

語言設定：你小時候聽到了什麼？

模仿：你小時候看到了什麼？

特殊事件：你小時候有哪些遭遇？

這三方面的制約非常需要我們深入了解，所以現在就逐一來討論。（在這本書的第二篇，你會學到如何重新把自己設定爲「追求財富和成功」。）

第一種影響：語言設定

首先討論語言設定。你在成長的過程中聽過哪些和金錢、財富和有錢人有關的話？

你有沒有聽過以下這些說法：錢是萬惡的淵藪；儲蓄是爲了不時之需；有錢人都很貪婪；有錢是一種罪過；錢很髒；你要努力工作才能賺到錢；錢不會從天上掉下來；你不可能又有錢又有內涵；金錢買不到快樂；有錢能使鬼推磨；富者愈富，貧者愈貧；我們不該奢望得到那個東西；不是每一個人都能有錢；錢永遠不夠用；以及一句最惡名昭彰的——我們買不起。

我小時候，每次向父親要錢時總會聽到他大叫：「我是錢做的嗎？」我總會開玩笑回答：「我希望是呀。那我會要一條手臂、一隻手，或是一根手指頭。」他從來沒有笑過。

這就是問題所在。你年幼時聽到的任何有關金錢的話，都會留在你的潛意識裡，成爲支配你金錢觀的一股力量。

語言的制約力實在太強大了。我兒子傑西三歲的時候，有一次很興奮跑來對我說：「爸爸，我們去看忍者龜的電影，就在我們家附近上映。」我已經活了半輩子可還是想不通，這個路還走不穩的小娃兒竟然通曉地理。幾個小時後，我在宣傳這部電影的電視廣告上找到了解答，這廣告的最後一句話這樣說：「現正在你家附近的戲院上映。」

另一個關於語言制約力的例子，出現在我們訓練課程的一個學員史蒂芬身上。史蒂芬的問題不是他賺不到錢，而是他留不住錢。

來上課的時候，史蒂芬的年收入九年來都超過八十萬美元，但他還是覺得錢不夠花。不知道為什麼，他就是有辦法花錢、借錢、或是因投資不當而慘賠。總之，他來上課的時候，財產淨值幾乎是零。

史蒂芬告訴我們，在他成長的階段，母親總是說：「有錢人都很貪婪，他們靠窮人的血汗賺錢。賺的錢夠用就好，多賺就是豬了。」

不是科學家也能猜出史蒂芬的潛意識會上演什麼樣的戲碼。難怪他會變成窮光蛋，因為他被母親的語言制約了，他相信有錢人都很貪心。所以他在心裡把有錢與貪婪畫上等號。如果他不想變成貪婪的人，他在潛意識裡就會不想變得富有。

史蒂芬愛他的母親，不希望被母親否定。但根據母親的信念，史蒂芬變有錢之後，母親是不會肯定他的。所以他只好把手上的錢都用掉，否則他就會變成一隻豬！

你可能會想，被問到是要選擇當有錢人呢，還是要選擇贏得媽媽（或類似意義的人）

的認同，大部分人會選擇當有錢人——才怪！人的心靈不是那樣運作的。當然，選擇財富似乎才是符合邏輯的決定，可是假如我們的潛意識必須在深植的情感和冷硬的邏輯這兩者之間做出抉擇，情感幾乎是每戰必勝的。

致富法則：

假如我們的潛意識必須在深植的情感和冷硬的邏輯這兩者之間做出抉擇，情感幾乎是每戰必勝的。

回到史蒂芬的故事。課程開始不到十分鐘，史蒂芬運用了幾項非常有效的體驗技巧之後，他的金錢藍圖馬上有了戲劇性的變化，後來不到兩年，他就變成了大富翁。

史蒂芬在這堂課上開始了解到，自己那些灰色的觀念並不是他自己的，而是他母親的觀念，而母親的觀念又是從她過去所受到的制約而來。然後，我們幫史蒂芬擬出一項策略，讓他在變有錢之後也不會失去母親的認同。

這策略其實很簡單。

史蒂芬的母親很喜歡夏威夷，所以史蒂芬在夏威夷的茅伊島投資了一棟海濱公寓大廈。他把母親送到那裡住了一整個冬天。母親開心得不得了，史蒂芬也是。首先，母親現在很喜歡兒子有錢，還到處宣揚兒子的慷慨，其次，史蒂芬有半年時間不必招呼老媽。眞是兩全其美！

以我自己來說，我的事業在一開始的緩慢起步之後漸漸有起色，不過我投資的股票完全沒賺錢。後來我開始觀察自己的金錢藍圖，才想起小時候我爸爸下班後就坐在餐桌前，讀著報紙的股市版，然後捶桌子大吼：「那些死股票！」接下來他會大罵股市這套制度是多麼愚蠢，去賭城玩吃角子老虎贏錢的機率都比買股票賺錢來得高。

你既然知道了語言的制約力量，應該不難明白我爲什麼在股市賺不到錢了吧？我的程式就是被設定成投資股票失敗，而我的潛意識注定了會選到錯誤的股票、價錢和時機。爲什麼？因爲啊，我這是在配合我潛意識裡的金錢藍圖，也就是那句「死股票」！

幾乎就在我重新設定我的語言設定的隔天，我挑的幾支股票就開始上漲，後來也持續獲利，一直到現在。我只能說，直到我把這株巨大的有毒植物從我內在的「財務花園」裡挖掉之後，我才有機會欣欣向榮，開花結果！這聽來好像不可思議，不過只要你了解金錢藍圖的運作方式，就會覺得一切都有道理可循。

我要再強調一次：你的潛意識所受到的制約，決定了你的思想；你的思想決定了你的選擇；你的選擇，決定你的行動，而你的行動就決定了你的結果。

關於改變有四個關鍵因素，每一個因素都在你重新設定財務藍圖的過程中扮演重要角色。它們都很簡單，但都很有威力。

第一個關鍵因素是「**察覺**」——你要先知道某件事存在，才談得上改變它。

第二個關鍵因素是「**理解**」——理解了你的「思考方式」從何而來之後，你就會知道：一切都是從你的內在而生。

第三個關鍵因素是「**畫清界限**」——只要你知道了這種思考方式不等於你自己，你就可以脫離它，並且選擇是要保留它或放棄它；至於要放保留或是放棄它，就看你希望明天的自己是什麼樣子。你可以觀察自己這種思考方式，把它看個清楚；這是一個深藏在你心中很久很久的「檔案夾」，而這檔案夾裡面的資訊對你可能早就不具任何真理或價值。

第四個關鍵因素是「**重新設定**」。這個因素會在本書第二篇詳加討論，說明哪些是可以創造財富的「心靈檔案」。如果你想要更進一步的話，我邀請你來參與我們的密集訓練課程，我們會帶領你學習一系列效能強大的實作技巧，幫助你將你的潛意識重新做細部的設定，達到恆久的效果——也就是重新訓練你的心靈，使它在關於金錢和成功的事務上能為你提供有力的支持和反應。

認識了這四個關鍵步驟的意義之後，我們來談如何開始改變你的金錢藍圖。

第一個改變的步驟：修改語言程式

一、**察覺**：寫下你小時候聽過的所有描述金錢、財富和有錢人的話語。

二、**理解**：寫下你認為這些說法如何影響你的財務生活。

三、**畫清界線**：你有沒有看出來，那些關於金錢的想法只代表了你所學來的東西，而不是你自己的想法，也不是現在的你？你能不能看出來，你現在的所有選擇都可以改變？

四、**提出宣言**：請把手放在你的心上，說出以下這幾句話：

「我所聽到的關於金錢的看法，不見得都是真實的。我要選擇新的思考方式，讓它幫助我得到快樂和成功。」

第二種影響：模仿

第二種制約的方式叫做模仿。在你的成長過程中，你的父母或監護人對於金錢的態度是什麼？是把財富管理得很好，還是很失敗呢？他們是很愛花錢呢，還是很節儉？他們善於從投資中獲利，或是根本不投資？他們會在人生裡冒險，還是態度保守？他們的收入很穩定，還是時有時無？錢，在你家裡是歡樂的來源，還是痛苦的根源？

爲什麼要知道這些？因爲，你可能聽過一句話：「有樣學樣。」沒錯，人類差不多都是這樣。小時候，我們是靠著模仿來學習幾乎所有的事物。

雖然大部分人不願意承認，不過「有其父必有其子」這句老話實在太有道理。

我想到一個小故事。有個女人在煮晚餐，把一塊火腿的頭和尾切下來，丟掉。她丈夫看了覺得疑惑，女人解釋說：「我媽媽都這樣做。」她母親那天剛好到女兒家吃飯，女兒夫妻倆就問她爲什麼把火腿的兩端切掉，母親回答：「我媽媽都這樣做。」於是他們決定打電話問外婆爲什麼要把火腿兩端切掉，你猜外婆怎麼回答？「因爲我的鍋子太小了！」

這個故事的重點是：一般來說，在與錢有關的事情上，我們的態度通常會和爸爸或媽媽相同，或者是結合了雙親的做法。

譬如我爸爸自己創業，從事建築業，每一個案子所蓋的房子從蓋十幾戶到幾百戶不等，而每一個案子都要動用巨額的投資。在房子還沒有賣出去之前，爸爸必須傾盡家裡全部財產向銀行貸一大筆錢。所以，每一次他只要展開新案子，我們家就過得很拮据，而且是欠一屁股債。

你可以想見，在這段期間我爸的脾氣不會太好，對錢也不會太慷慨。如果我向他要任何一個會花到錢的東西，他先是說「難道我是錢做的嗎？」然後是「你瘋了嗎？」最後我當然一毛錢都沒拿到，只得到一個「再問你就給我試試看」的瞪眼。

這個場景會持續一、兩年，直到我爸蓋的那些房子都賣出去——然後我們就會快樂得像是在天堂一樣。我爸會突然判若兩人，他變得十分開心、和藹可親，而且非常慷慨闊綽。他會主動問我需不需要錢，我雖然很想以眼還眼，回瞪他一眼，不過我沒那麼笨，所以我就說：「當然囉，謝謝爸。」

好日子會一直持續到可怕的那一天，當他回家宣布：「我發現了一塊不錯的地。我們要開始蓋了。」我記得很清楚這時我會對他說：「太好了，爸，祝你好運。」但是我的心會沉到谷底，因爲我知道，又要開始掙扎了。

這個模式從我六歲左右、我有記憶以來就開始，一直持續到我二十一歲搬出父母家才結束——我那時以爲這模式已經結束了。

二十一歲那一年我從學校畢業，你猜我從事哪一行？建築業。後來我改行做了其他幾種專案類型的營生。很奇怪，我通常會小賺一筆，但沒多久就變得一窮二白。然後我再做其他事業，自信滿滿，覺得自己可以再度站上世界的頂端，直到一年後又跌落谷底。

這種起起伏伏的模式持續了將近十年，一直到我發現了問題的癥結可能不是我所選擇的行業不對、夥伴不對、下屬不對、大環境不好，也不是我在情況大好的時候選擇要休息一陣子。我終於明白了，可能啊，可能，我是不自覺地重複著我爸那種時好時壞的賺錢模式。

我只能說，謝天謝地，我學會了你在這本書裡將會學到的東西，把自己從「溜溜球」的模式拉出來，重新設定爲收入穩定成長的模式。今天，我還是會像以前一樣，在一切都很順利的時候冒出很衝動的念頭，想要改變什麼（然後毀了我自己），不過我的腦子裡有了一個新的檔案來幫我觀察這種感覺，並對這個感覺說：「謝謝你的建議，但是現在我們要重新聚焦，回去工作。」

另一個例子發生在我舉辦的一場討論會上。這場討論會結束後，一如往常，學員們排著隊到台前找我簽名，向我打招呼，或是說謝謝。我永遠忘不了一個老先生，他哭著走向我，哭得上氣不接下氣，不斷用袖子擦眼淚。我問他怎麼了，他說：「我今年六十三歲了，一直在看書，只要有相關的課程我就去參加。每一個有名的講師我都見過，也試過他們教的東西。我試過股票、房地產還有十幾種其他的生意，後來回學校唸MBA，我學到的知識比十個人加起來都多，卻從來沒有在賺錢這件事上成功過。每次總是起頭很棒，到最後卻一無所有，這麼多年來我從不明白為什麼，我想我大概是個笨老頭吧……

「直到今天聽完你的演講，體驗了你所帶領的這整個過程之後，終於豁然開朗。我本身的資質沒有問題，只是我被洗腦了，我父親的金錢藍圖不斷在我身上帶來報應。我爸經歷過經濟大蕭條時期的最低潮，每天出去找工作或是做生意，然而回家時總是兩手空空。假如我四十年前就知道你這個關於模仿和金錢模式的理論就好了。我實在浪費太多時間去學習其他那些知識了。」說完，他哭得更厲害了。

我回答道：「你所學到的知識沒有浪費你的時間。它只是潛藏在『心靈』銀行中等待機會施展。現在你已經建立了一個『成功藍圖』，你所學到的每一項東西都有用處，而且你會一飛沖天。」

在聽到了某些話的時候，人會知道那是眞理。只見他的臉色逐漸開朗，深深一呼吸，然後臉上浮出一抹燦爛的微笑。他緊緊擁抱著我說：「謝謝你，謝謝你，謝謝你。」

我後來收到他的信，他說一切美好：他在過去十八個月來所累積的財富比過去十八年加起來還多。我眞高興聽到這個消息。

所以，你或許擁有了全部的知識和技能，但如果你的「藍圖」不是以成功爲目標的話，那麼你的金錢與財務狀況仍然不會好看。

來參加我們課程的學員，有許多人的父母經歷過二次世界大戰，或熬過經濟大蕭條。當這些學員聽到了父母親的經驗會影響他們的觀念和處理金錢的習慣，往往大爲震驚。有些人揮霍無度，因爲他們認爲「你可能一夜之間就失去所有的錢，所以不如在有能耐的時候盡量享受」。有些人則完全相反，他們把錢都儲藏起來，「以備不時之需」。

這裡要送你一句金玉良言：「未雨綢繆」固然是一句好話，卻可能帶來後患。我們另一套課程裡教導了一項法則：「意念」的力量很驚人。如果你存錢是爲了不時之需，那麼你不會得到別的，你就是會等到那個有狀況的「不時」出現！所以別再那樣想啦，與其未雨綢繆，不如專心爲了將來的快樂日子、爲了終於不必再擔心錢的那一天儲蓄做準備——根據意念法則的原理，你所預期的，你一定會得到。

前面提到，在金錢方面，大部分人的態度會和父母親相似，或者完全相同。可是有另一些人卻反而與父母的方式截然不同。爲什麼會這樣？這和憤怒、叛逆這兩回事有沒有關係？其實，簡單講，這完全跟你有多氣他們有關。

可惜我們小時候沒辦法對父母說：「爸媽，我想跟你們說一件事。我不喜歡你們處理金錢的方法，不喜歡你們的生活方式，所以，等我長大，我的方法會跟你們完全不一樣，我希望你們能了解。晚安，祝你們好夢。」

事情沒有那樣發生，相反的，如果時辰不對，我們被惹惱了，通常我們會氣急敗壞，說出狠話：「我恨你。我永遠都不要變成你這樣。我長大以後會很有錢，可以買任何我想要的東西，才不管你喜不喜歡。」然後我們會跑進房間，用力摔門，砸枕頭或是把手邊的任何東西到處亂丟，以此發洩怒氣。

許多出身貧窮家庭的人會對自己的背景感到憤恨，心生叛逆，這些人通常會出外打拼變成有錢人，或是至少懷著要出人頭地的動機。不過，他們喉嚨裡會哽著一口氣——不管賺了多少錢，不管是不是沒日沒夜拚命工作想要成功，他們通常都不快樂。爲什麼？因爲那股驅使他們追求財富的原動力是憤恨。因此，金錢和怨恨在他們的心裡糾結，越是有了錢，越是想多賺一點錢，他們就更滿懷怨氣。

後來，他們內心的自我會說：「我受夠了老是這樣發脾氣，把自己搞得很累。我只想過幸福平靜的日子。」於是他們自問——問那顆製造出這種心態的同一個心靈——應該怎麼辦。所得到的答案是：「如果你想擺脫怒氣，應該先把燙手山芋給扔了。」他們接收到這個指引，在潛意識裡想把錢給甩掉。

結果他們花費超支，投資錯誤，爲了離婚付出龐大代價，或者因爲某些原因而毀了自己的事業。不管如何，這些人現在總算高興了——是嗎？錯！現在情況更糟了，因爲他們仍然怨氣沖天，而且還花光了錢。

他們丟錯東西了！

他們把錢丟開，而不是把憤怒扔掉，他們丟的是「果」而不是「因」。他們對父母和家庭的憤怒才是眞正的問題所在。除非能消解這份怒氣，否則不管他們是貧是富都不可能眞正感到快樂或平靜。

追求財富和成就的原因或動力，是非常重要的力量。如果你的動力來源並不是正面的作用，例如你是出於恐懼、憤怒而想致富，或者只是爲了「證明」自己而想成功，那麼你的錢永遠不會帶給你快樂。

爲什麼？因爲你不可能用錢來解決這其中的任何一個問題。以恐懼爲例，我在訓練課上詢問學員：「認爲恐懼是追求成就的最大動力的，請舉手。」沒有幾個人舉手。然而當我問道：「認爲安全感是追求成就的主要動力的，請舉手。」幾乎所有人都舉手了。要知道，「追求安全感」和「恐懼」這兩種動機，說穿了其實是很類似的東西。追求安全感，是出於不安全感，而不安全感基本上便是一種恐懼心理。

致富法則：

如果你的動力來源並不是正面的作用，例如你是出於恐懼、憤怒而想致富，或者只是爲了「證明」自己而想成功，那麼你的錢永遠不會帶給你快樂。

那麼，賺更多的錢可以消除恐懼嗎？別異想天開了！爲什麼？因爲金錢不是問題的根源，恐懼才是。更糟的是，恐懼不只是一個問題，它其實是一種習慣。因此，賺大錢只是改變了你的恐懼的樣子。

假如我們破產了，往往會害怕無法東山再起，或是錢賺得不夠多。但是，一旦我們成功了，內心的恐懼通常會轉變成：「萬一我失去了我已經賺到的一切，該怎麼辦？」或是「所有人都想拿走我的錢」，或是「我會被國稅局榨乾」。簡單來說，除非我們能找到這個問題的根源，把恐懼消除，否則再多的錢也幫不了忙。

當然，如果可以選擇的話，大部分人都寧願在有錢的時候擔心會失去一切，也不願口袋空空。不過，這兩種生活方式都不是一般人承受得了的。

很多出於恐懼心理而拼命想賺錢的人，是把獲得財富當作一種證明自己「夠好」的方式。這個難題在本書第二篇會詳加討論，然後你就會明白，再多的錢也不可能讓你對自己滿意。你會成爲你這樣子，並不是金錢所造成的。而你心中那個「永遠必須證明自己」的課題，變成了你習慣的生活方式，你根本沒有察覺到它在折磨你。你說自己是功成名就人士，個性苦幹實幹，意志堅決——這些特質都不錯，唯一的問題是：你爲什麼會這樣？推動這一切的根本動力到底是什麼？

那些被某種力量驅使著要證明自己夠好的人，覺得生活中一切的人事物都「不夠」，而再多的錢也不能減輕這種痛苦。再多的錢或其他物質，都不可能使這種人的內心得到滿足。

我要再強調一次：問題都在你自己身上。記住，你的內在世界反映了你的外在世界，如果你認定自己不夠好，你就會把這個想法合理化，並且創造出那個「不夠」的現實狀況。相反的，如果你相信自己是富足的，你也會把那個信念合理化，並且創造出富足豐盛。爲什麼?因爲「豐盛」會變成你的根源，自然而然成爲你的生活方式。

你要在心中劃清界線，不要讓憤怒、恐懼成爲你追求財富和證明自己的動力，然後你就可以安裝新的連結，讓你賺錢賺得很有目標，覺得自己有所貢獻，而且從中得到喜悅。那樣一來，你就永遠不必藉著擺脫金錢而得到快樂。

與父母反其道而行，不盡然都是錯的。如果你是個叛逆的孩子（排行老二的孩子往往如此），而家人的理財習慣不好，那麼你跟他們不同反而可能是好事。但如果你父母很有成就，而你卻反抗他們，那麼你可能會陷入嚴重的財務問題。不管你是哪種狀況，重要的是你要認清楚一件事:你的生活方式，與雙親的金錢觀，或者其中一人的金錢觀，有密切的關聯。

第二個改變的步驟:你在模仿誰

察覺:想一想父母處理金錢的方式和習慣是如何，你跟他們有哪些地方是完全一樣的?哪些是完全不一樣的地方?把這些寫下來。

理解:這個模仿步驟如何改變你的財務生活?把它寫下來。

畫清界線:你明白這個方式只是你後天學習的，並不是你自己原本有的嗎?你明白現在你有權力選擇改變嗎？

提出宣言：把你的手放在心上，大聲說：

「我所模仿的金錢觀念是他們的。我現在要選擇自己的方式。」

然後，摸著頭說：

「這是有錢人的腦袋！」

第三種影響：特殊事件

第三種使我們受到制約的重要因素是特殊事件。你小時候，對於金錢、財富和有錢人有什麼經驗或體會？這些經驗太重要了，因爲它們會形成你一生的信念或是幻想。

讓我舉個例子說明。有個名叫喬希的護士來參加密集課程。她的收入很好，但不知爲什麼總是會把錢花光。我們深入了解後發現，她十一歲的時候，有一次與父母和姐姐去中菜餐廳吃飯，餐間，她父母又爲了錢的事而針鋒相對。她父親站起身，大吼大叫並捶打桌子。她記得爸爸的臉一會兒泛紅一會兒發青，然後心臟病發，倒在地上。喬希是學校的游泳校隊隊員，學過心肺復甦術，於是立即爲父親急救，但仍然回天乏術。父親死在她的懷裡。

因此，從那一天起，在喬希的心裡，金錢就和痛苦緊密相連。也難怪她成年以後會出於潛意識就揮霍掉所有的錢，以減輕內心的痛苦。有意思的是，她選擇了當護士。爲什麼？也許她還想要挽救她的父親？

在我們的訓練課程裡，幫喬希找出她舊的金錢藍圖，並且加以修正。今天她正大步邁向財務自由之路，也不再當護士了——並不是她不喜歡護士這份工作，而是因爲她從事這個工作的理由是錯誤的。她現在是財務規畫師，也是一份助人的工作，不過是一對一的工作，深入了解客戶過去的程式如何控制了他們今日的理財方式。

我再舉一個更接近核心的例子。我太太小時候只要聽到賣冰淇淋的貨車接近的叮噹鈴聲，就會跑去找媽媽要銅板，她媽媽總回答她：「對不起，親愛的，我沒有錢，你去找爸爸要。爸爸才有錢。」我太太便跑去找爸爸要，然後開開心心去買冰淇淋吃。日復一日，同樣的狀況不斷反覆，那麼，我太太最後會學到什麼樣的金錢概念呢？第一項就是：男人才有錢。所以我們結婚後，你猜她會期待我怎麼做？沒錯：拿錢回家。我告訴你，這回她要的可不是銅板而已，她的段數已經提高了。

她學到的第二個概念是，女人沒有錢。如果她媽媽（她的模仿對象）沒有錢，顯然她也應該如此。於是她在潛意識裡就會想花掉所有的錢。這件事，她做得十分徹底。你給她一百元，她花一百元；你給她兩百元，她就花兩百元；如果你給她五百元，她就把五百元用光；如果你給她一千元，她會花一千元。後來她來上我的課，學會了各種財務槓桿的技巧。我給她兩千塊，她可以花掉一萬塊！我試著向她解釋：「親愛的，你這樣不對。財務槓桿的意思是我們應該是拿到那一萬塊，而不是花掉它。」不知爲何，她就是聽不進去。

我們不會爲別的事吵架，只會爲錢的話題爭執。這差一點使我們賠上了婚姻。當時我們並不知道我們對於金錢的看法如此截然不同。對我太太來說，金錢意味著立即的享受（就好像她小時候享受她的冰淇淋一樣）。我則相反，從小就相信必須不斷累積金錢才能換取自由。

對我來說，不管我太太什麼時候花了錢，她花掉的都不是錢，而是我們未來的自由。但是就她而言，不管何時我只要阻止她花錢，就是在剝奪她人生中的享受。

感謝老天，我們後來都學會了修正自己的金錢藍圖，更重要的是，我們爲了兩人的婚姻而創造了第三份金錢藍圖。

這一切努力有用嗎？這麼說吧，我這輩子至今遇過三項奇蹟：

第一，我的女兒出生。

第二，我的兒子出生。

第三，我太太和我不再爲錢而爭吵！

統計數字顯示，導致婚姻破裂的頭號殺手就是錢。人們會爲錢吵架，背後最大的原因不是錢本身，而是夫妻兩人的「金錢藍圖」無法配合。重點不在於你有多少錢，或者你根本沒有錢，重點是，如果你的金錢藍圖與對方不一致，那就麻煩了。這個道理，對於夫妻、情侶、家人，甚至商業夥伴都可以成立。所以，你要了解的是金錢藍圖的問題，不是金錢的問題。一旦你能看出對方的金錢藍圖，你們就能用適合你們兩方的方式來相處。

如何看出對方的金錢藍圖？首先你要開始知道並接受，你夥伴的「財富檔案」可能與你有所不同；知道之後，不要覺得沮喪，而要用諒解的態度面對。盡可能去理解你的夥伴在錢這件事上最在乎的是什麼，並找出他的動機是什麼，有沒有哪些恐懼。用這種方式，你就可以從原因下手，而不是一味去對付結果，這樣也才可能改善彼此的關係。如果不這樣做，你根本別想改善你與對方的關係。

我們的密集課程會讓你學到，如何辨識你合作對象的金錢藍圖，如何創造你們倆的嶄新金錢藍圖，由它來幫助你們，得到你們想要的好處。它可以幫助大多數人解除人生幾種重大痛苦的其中一項。

寄件人：黛柏拉．查米托夫
收件人：T．哈福．艾克
主旨：我在錢這件事上得到了自由！

哈福：

今天，我坐著什麼都不必做就可以有十八份收入進帳，而且我不再需要工作了。是的，我很富有，不過重要的是我的生命變得富裕、快樂而充足！可是以前不是這樣。

以前，金錢一直是我的負擔，我把理財的事情交給陌生人管理，所以我不需要自己花心思。上一次股市崩盤，我幾乎失去了全部，而我竟然是等到一切都遲了才發現自己快要完蛋。

更嚴重的是，我失去了自尊。恐懼、羞恥和絕望把我擊垮了，我躲開所有的人，一直在懲罰我自己，直到我被拖去參加你的訓練課。

在那一個讓人改頭換面的週末，我重新拿回自主權，決定要自己掌握自己的錢，自己的理財命運。我採用了財富宣言法，原諒了我過去的錯誤，從心底相信自己值得擁有財富。

現在，我覺得管理自己的錢是很有意思的事！我在錢這件事上得到了自由，也知道我永遠都會這樣自由，因爲我像有錢人一樣思考！

謝謝你，哈福。謝謝你。

第三個改變的步驟：特殊事件的影響

你可以和夥伴一起做以下的練習。

坐下來，回想你們關於金錢的記憶——你小時候聽到的話、你家庭的習慣模式，以及曾經發生過的重大事件。另外，要知道錢對於你的夥伴的真正意義是什麼，是享樂，還是自由？是安全感，還是身分地位？這麼做，可以幫助你們找出雙方目前的金錢藍圖，也能幫助你們發現彼此在這個問題上的衝突。

接著，討論你們想要一起得到什麼——不是你們個人的目標，而是你們兩人以夥伴關係想得到什麼。一起決定你們倆在金錢和成功方面的共同目標是什麼、態度是什麼，然後把你們協議遵守的態度與行動寫下來，貼在牆上。日後如果發生了問題，就用溫和的方式提醒對方，當初你們在很客觀而理性、不被舊的金錢藍圖所困的時候，曾經一起決定的事情。

察覺：你小時候曾經遇到哪些與錢有關的事，在情緒上或情感上造成了重大反應？

理解：這個事件如何影響了你目前的財務生活？把它寫下來。

畫清界線：你知不知道，這種生活方式只是你後天學習來的，並不是原本的你？你知道你現在可以選擇改變它嗎？

提出宣言：把你的手放在心上說：

「我要放開我以前那些沒有正面意義的金錢經驗，我要創造新的富裕的未來。」

接著，摸著你的頭說：

「這是有錢人的腦袋！」

你的金錢藍圖設定在什麼目標？

現在，該來回答這個「價值百萬的問題」。你目前對於金錢和成功所描繪的藍圖是什麼？它會隱隱帶你走向哪種結局？你被你自己設定為要賺大錢、賺到普通多，還是徹底失敗？你是被自己設定成為錢奔忙還是悠遊自得？賣命工作賺錢，還是適度工作？

你是習慣了收入穩定還是不穩定？你知道的：「一開始有錢，然後沒錢，接著又有錢了，後來又沒有了。」你說：「我本來有一份薪水很不錯的工作，不過後來公司收掉了。然後我就自己做生意，一開始好得不得了，但是後來市場萎縮。接下來我去開餐廳，可是合夥人跑了……」看起來似乎是外在環境造成了你的大起大落，但你別被騙了，這其實是你自己的工作藍圖。

你把自己設定要擁有高收入、中等收入，還是低收入呢？你知道我們很多人眞的有確切的數字設定範圍嗎？你的設定是每年要賺兩萬到三萬美元，四萬到六萬，還是七萬五千到十萬？甚至是十五萬到二十萬？或二十五萬美元以上？

幾年前，在我主持的一場討論會中，聽衆裡有位穿著講究的紳士，在會後上前問我，這種爲期三天的密集課程能給他任何幫助嗎，因爲他的年收入已經有五十萬美元了。我問他這種情況持續多久了，他說：「很穩定，到現在大約七年了。」

我聽到這句話就夠了。我問他，爲什麼不讓自己一年賺兩百萬美元。我說，這個課程是設計給那些想要完全實現財富潛能的人，以此讓他明白爲什麼他會「卡」在五十萬的水準。他聽了之後決定參加課程。

一年後，他寄來電子郵件說：「你們的課程實在太棒了，不過我犯了一個錯。當時我們討論到收入的時候，我只把我的金錢藍圖重新設定爲兩百萬，所以我還要再參加一次課程，把年收入重新設定爲一千萬美元。」

這裡我要說明一點：這個設定的數目不是最主要的重點，最重要的是你有沒有完全發揮你的理財潛力。我知道很多人可能會問，誰需要那麼多的錢啊？我說，第一，這個問題對於增加財富並沒有太正面的幫助，卻只反映出你確實需要修正你的金錢藍圖；第二，這位先生想要賺大錢的主要原因，是想繼續資助一個關懷非洲愛滋病患的慈善機構。那麼你還認爲有錢人都是「貪婪」的嗎？

回到前面的主題。你是被設定成節約還是揮霍？你被設定成善於理財，還是不善理財？你是把自己設定成懂得挑選賺錢的投資標的，還是總挑到賠錢貨？你可能會疑惑：「我在股市或房地產的投資究竟是賺是賠，怎麼可能跟我的金錢藍圖有關？」我的解釋很簡單。是誰挑了這一筆股票或房地產呢？是你自己。是誰決定買下它呢？是你自己。是誰決定賣掉它呢？也是你自己。我想你不能再說自己毫無責任了吧。

我在加州聖地牙哥有個朋友叫做拉瑞，他簡直是塊會吸金的石頭，顯然擁有一份讓他賺得高收入的金錢藍圖，但是，投資是他的致命傷，凡是被他買進的東西一定會跌。（你相信嗎，他老爸也有同樣的問題。哎。）我和拉瑞經常連絡，常向他請教投資方面的建議。可是他給的建議總是那麼……那麼錯誤！因此，只要是拉瑞建議的，我就反其道而行——我太愛他了！

但是，請注意那些擁有我們所謂的金手指的人。只要他們參與的事業就一定會大賺。不管是投資必敗或是擁有金手指，這些症狀都只不過彰顯了每個人的金錢藍圖。

再說一次，你的金錢藍圖會決定你的財務生活，甚至影響你的人生。如果你是一個把金錢藍圖設定爲低收入的女性，很可能會吸引來一個也把自己設定爲有低收入就好的男性，使你繼續待在你的「安全區」，實現你所設定的金錢藍圖。

大多數人相信，他們事業得以成功，最主要的因素是他們的生意手腕和知識，或者至少是抓準了市場時機。但我實在很不願意告訴你，這些是幻想，也就是說，不可能是因爲這些因素而致富的！

你的生意能有多成功，完全受到你的金錢藍圖的影響。你的內心永遠會遵循你的金錢藍圖。如果你的藍圖把年收入設定爲十萬美元，那麼你的事業就會給你這樣的結果，剛剛好夠你一年賺十萬左右。

如果你從事業務工作，而你的金錢藍圖把年收入設定爲五萬美元，然後你談成一筆九萬美元的大生意，我跟你說，這筆交易如果不是後來取消了，就是你眞的賺進了這筆錢，但是接下來一年都青黃不接，先前賺的錢剛好夠你度小月，所以平均下來你的金錢狀況仍然維持原先的水準。

如果你的設定是一年賺五萬美元，但是一連幾年都不如預期，那麼別擔心，你會把錢賺回來的——你也必須做到，因爲那是心靈和金錢的潛意識法則。比方說，你說不定會發生車禍但是沒有造成大礙，因而拿到一筆五萬美元的保險金！原因很簡單：不管怎樣，如果你的設定是年收入五萬美元，你最後就會拿到這麼多錢。

那麼，如何知道你的金錢藍圖的設定值？最清楚的方式之一，就是去看你的成果。看你的銀行存款簿，看你的收入，看你的淨值，看你的投資獲益，看你的生意利潤，看一看你是亂花錢的人還是儲蓄的人，看你會不會管理自己的錢，看你爲了錢要努力工作到什麼程度，看一看你與金錢有關的所有人際關係。

對你來說，賺錢是一件苦差事，還是一件輕而易舉的事？你是自己做生意，還是上班領薪水的人？你是長期做同一個工作，還是經常換工作？

你的金錢藍圖就像一個溫度調節器，如果室內溫度是攝氏二十七度，那麼很可能調節器就是設定在二十七度。接下來就是有意思的地方了：有沒有可能因爲窗戶打開，外面的冷空氣飄進來，使室內溫度掉到十三度？當然可能，但最後的結果是什麼？溫度調節器會開始運作，把室溫調回二十七度。

有沒有可能因爲窗戶開著，外面飄進來的熱空氣使室內溫度升高到三十三度？當然可能，但是最後會怎麼樣？調節器會開始運作，把室溫重新調回二十七度。

如果想徹底改變室內溫度，唯一的辦法是重新設定溫度調節器。同理，想「徹底」改變你的理財成績，唯一的辦法是重新設定你的財務溫度調節器，也就是你的金錢藍圖。

致富法則：

如果想徹底改變室內溫度，唯一的辦法是重新設定溫度調節器。同理，想「徹底」改變你的理財成績，唯一的辦法是重新設定你的財務溫度調節器，也就是你的金錢藍圖。

你可以嘗試你想做的任何事或任何方法，你可以增強自己的商業知識、行銷、談判和管理能力；你可以變成房地產或股市的專家，這些都是很有力的「工具」，可是，如果你沒有一個強大的內在「工具箱」幫你創造並守住大筆的金錢，那麼全世界的所有工具加起來對你也沒有幫助。

說來，這是很簡單的數學道理：「你的收入只能成長到你想要的標準。」

說起來既是幸運也是不幸，你個人的金錢和成功藍圖可能會跟著你一輩子——除非你認識它並改變它。在本書的第二篇我們會繼續探討。

記住，一切改變的第一個要素就是察覺。觀察你自己，你的想法，你的恐懼，你的信念，你的習慣，你的行動，甚至你的不行動。把你自己放在顯微鏡底下，研究它。

大部分人都相信，我們是出於選擇而過著自己的生活。事實上，不全是這樣。即使我們眞的充滿智慧，也可能會做出一些選擇是反映了我們當下對自己的認知。但大體而言，我們都像機器人，被過去的條件和習慣控制著，自動而機械化的運作。因此，我們必須保持自覺。保持自覺，就是可以時時觀看自己的想法和行動，好讓你能夠做出自己眞心想要的抉擇，而不是被過去的設定所操控。

保持自覺，可以讓我們活出今天的自己，而不是活在過去，可以讓我們有效掌握情況，完整發揮我們的知識和天賦，而不是始終拙於應對，總是被恐懼和不安全感驅策。

致富法則：

保持自覺，就是可以時時觀看自己的想法和行動，好讓你能夠做出自己眞心想要的抉擇，而不是被過去的設定所操控。

一旦你有了自覺，就能確實看清楚你的設定：它只是一張清單，寫著你過去所接受

的、所相信的資訊。那時你年紀還輕，根本不懂得判斷。現在你會明白，這種制約不是你本來就有的，而是你後天學來的。你會發現你不是「錄音帶的內容」，而是「錄音機」；你不是杯子裡的「內容」，只是「玻璃杯」。總之，你不是軟體，而是硬體。

遺傳可能有一點關係，而且，靈性因素可能也有影響，但是，今天的你，大部分都是被他人的信念和訊息所塑造成的。如同我前面提過的，信念也許沒有眞假或對錯之分，而不管某信念能不能成立，它其實只是一代又一代流傳下來的想法罷了。知道了這一點，你就可以有自覺地做出選擇，放棄一切無助於增加財富的信念或生活方式，換成有效的那些方式。

在訓練課程裡，我們教了一個觀念：「沒有任何一個想法停留在你的腦子裡是不要付出代價的。」你腦中的每一個想法，如果不是投資，就是花費；如果不是爲了把你帶往幸福和成就，就是會讓你遠離它們；如果不能加強你的力量，就會削弱你的力量。所以，要明智地選擇你的想法和信念。

但你要了解，你的想法和信念並不代表你本人，而它們也不見得只屬於你。儘管你認爲它們很珍貴，但是它們的重要性和意義取決於你有多願意相信它們。事物本身沒有意義，是你在賦予它們意義。

寄件人：班斯夫婦

收件人：T・哈福・艾克

主旨：我們覺得好自由！

在參加密集訓練班之前，我們不知道該期待什麼。但是上完課之後，我們非常難忘。參加討論會之前，我們的財務有很多問題，我們總是負債，卻不明白爲什麼，我們常常會在把信用卡帳單繳清（通常是利用工作上的一大筆進帳）之後，不到半年又欠一屁股債。這跟我們賺了多少錢根本沒有關係。我們非常沮喪，常常爭吵。

後來我們來上課，我們一邊聽你講課，我和先生一邊輕推對方，不時相視而笑。因爲實在有太多的道理讓我們覺得「難怪我會這樣」，「噢，原來是這樣」，「現在一切都找到答案了」。

我們發現，原來在錢這件事上我們兩個的想法差很多；他一直很「愛花錢」，而我則是個「逃避者」。這個組合眞可怕！了解這個道理之後，我們就不再彼此責怪，而開始互相了解，最後彼此欣賞，而且更愛對方。

過了一年，我們都沒有爲錢的事情爭吵，而會討論我們所學到的東西。現在我們已經沒有欠債了，事實上銀行裡有了存款，這是我們結婚十六年來第一次有存款——現在我們不但有了爲未來準備的錢，有足夠的錢當作日常開銷、玩樂、教育之用，以及長期存款，還有錢捐獻。可以把錢用在這麼多地方，而且不需要有罪惡感，這種感覺眞的太好了，因爲我們對錢做了適當的分配和努力。

我們覺得很自由。非常謝謝你，哈福。

記得我在書的一開頭所給的建議嗎？不要相信我說的任何一句話。所以，好吧，如果你眞的想讓生命改頭換面，就不要輕易相信你自己說的任何一句話。如果你想當下頓悟，就不要輕易相信你所想的任何一個念頭。

如果你像大部分人一樣，總是會相信某些事，那麼你不妨相信那些能夠鼓勵和支持你的信念，以及讓你發財的信念。你要記住：想法產生感覺，感覺產生行動，行動產生結果。你可以選擇像有錢人一樣思考和行動，才能創造出有錢人所創造出來的結果。

問題是：「有錢人是如何思考和行動的呢？」往下讀，你就會知道。

如果你想徹底改變你的理財生活，就請繼續往下讀！

提出宣言：「我仔細觀察我的想法，而且只接受使我更有力量的那些想法。」

接著，摸著你的頭說：

「這是有錢人的腦袋！」

第二篇

財富檔案

有錢人和窮人不一樣的 17 種思考方式和行爲

我們在前面提到了「實現程序」：想法產生感覺，感覺產生行動，行動產生結果。一切都從想法開始，而想法是由心靈產生的。心靈可說是生命的基礎，但是大部分人都不了解「心靈」這個強力的裝置是如何運作的，這眞是奇怪哪！

所以我們先簡單看一下心靈的運作方式吧。打個比方，心靈就像一個大檔案櫃，會把所有接收到的資訊貼上標籤，分別放進不同的檔案夾，讓你方便取用，幫助你解決問題、度過難關。注意到了嗎？我沒有說發財，我說的是解決問題。

在許多情況下，你會到心靈的檔案夾讀取資料，以決定如何因應眼前狀況。譬如說，你在考慮要不要把握一個可能可以賺錢的機會，於是你自動在心靈中尋找那些貼了「金錢」標籤的檔案，再用檔案裡的資料決定自己該怎麼做。你對於錢的所有想法，都儲存在你這個金錢檔案裡，所以你只能想到那麼多，因爲你心靈中關於「錢」這個類別就只有那麼多的資料。

當你做出某個決定，是因爲你相信它是合乎邏輯的、明智的，以及對當時的你來說是合適的做法，所以你認爲你做出了正確的決定。然而，問題在於你的**正確**決定很可能並不是一個**成功**的決定。事實上，你覺得合理的決定，卻可能會一再產生悲慘的結果。

舉個例子，假設我太太現在人在購物中心裡——這件事很常發生。她看到一個綠色的皮包正在打七五折，她馬上搜查心靈檔案：「我應該買這個包包嗎？」在百萬分之一秒內，她的心靈檔案送出答案：「你一直在找一個這樣的包包，好搭配上個星期買的那雙綠色高跟鞋，而且它的大小剛好。買下來吧！」她走到結帳櫃檯的時候，不但因爲即將擁有這個漂亮的皮包而興奮，還忍不住沾沾自喜是以七五折買下來的。

對她的心靈而言，花這個錢實在很合理。她想要這個皮包，她認爲她需要，而且實在是「太划算了」。但是，她的內心似乎沒有想過：「沒錯，這眞是個不錯的皮包，而且七五折實在很便宜，不過我現在欠了三千美金，所以我最好打消念頭別買它。」

她沒有那樣的想法，因爲她腦子裡完全沒有這樣一個檔案夾。這個叫做「當你負債，就別再買」的檔案夾從來沒有被安裝在她的頭腦裡，不曾存在，所以她不會考慮到這個選擇。

明白我的意思了嗎？如果你的檔案夾裝的都是些不能幫助你得到金錢成就的資訊，那麼你就只能根據它們去做各種決定。這些資訊對你來說是合乎邏輯的，不過到最後仍然會導致困境，了不起可以使你的財運平平罷了。相反的，如果你的心靈檔案中有很多會支持你得到財務成功的資料，那麼你就會很自然，而且很自動就做出可以導致成功的決定。你不需多費神，只需要正常思考就能帶來成功。

談到錢，如果你天生就知道有錢人是怎麼思考的，那可眞棒。我很希望你會回答「當然啦」那一類的話。

嗯，你可以做到！

前面說過，任何改變的第一步都是「察覺」。也就是說，想要像有錢人一樣思考，第一步就要知道他們如何思考。

有錢人的思考方式，非常不同於窮人和小康階層。有錢人對於金錢、財富、他們自己或別人，以及生活中各個方面的想法，都跟其他人不一樣。我們接下來會分析這些不同之處。我們會幫你的心靈換裝十七種的「財富檔案」，它們將是你重新設定思考方式的一部分材料。

有了新的檔案，就會帶來新的選擇；當你意識到自己正在用窮人的方式思考，你就可以自覺地移轉思考焦點，轉換成有錢人的思考方式。記住，你可以選擇那些會鼓勵你獲得幸福和成就的思考方式，而捨棄那些不能支持你獲得幸福的思考方式。

在這裡我要先作幾點說明。首先，我絕對無意貶低窮人，也不是不同情他們的處境。我不認爲有錢人就比窮人好，他們只是比較有錢罷了。爲了確定讀者們知道我的態度，我會儘可能釐淸有錢人和窮人的分別。

致富法則：

你可以選擇那些會鼓勵你獲得幸福和成就的思考方式，而捨棄那些不能支持你獲得幸福的思考方式。

其次，當我談到有錢人、窮人和小康階層的時候，我指的是他們的思考模式——人與人之間的思考方式和行爲簡直有天壤之別，比他們所擁有的財富和他們對社會的重要性的差距更大。

第三，我所使用的是「概論」。我知道不是所有的有錢人和所有的窮人都像我說的那樣。我的目的是要讓你掌握每一項法則的精神，並且加以運用。

第四，我不會特別提到介於富與窮中間的小康階層的狀況，因爲中間階層的想法通常混合了富人和窮人的思考方式。此外，我的目標是要讀者能認識到自己位於窮富天平的哪一個位置上；如果想要創造更多財富的話，就要像有錢人一樣思考。

第五，有幾項法則看起來也許像是針對習慣和行爲，而非思考方式。但請別忘記，我們的行動來自我們的感覺，感覺來自想法，所以，每一個致富的行動都是來自一種致富的思考方式。

最後，我要求你們不要一直認爲自己才是「對的」。也就是說，不要堅持必須照你自己的方式去做事。爲什麼？因爲你過去所用的方式造成了你現在的狀況，除非你想重蹈覆轍，否則就不要延續你原來的方式。如果你還沒有達到致富的目標，也許現在是時候了。你可以考慮嘗試不同的方式，特別是參考像我這樣一個非常非常有錢，而且已經幫助幾千人走上富裕之路的人所給的建議。事情完全由你自己決定。

你接下來要學到的概念都很簡單，但是意義深遠。它們確確實實幫助了真實世界裡的很多人產生改變。我爲什麼會知道？因爲我所經營的潛能開發公司每年都會收到幾千封信，說到了這些財富檔案是如何改變了他們的人生。如果你也來學習並實踐這些財富檔案，我非常確信，你的人生一定會全盤改觀。

在接下來每一個單元的結尾，你會看到一個需要配合肢體動作的宣言，這項設計是爲了把每一條法則逐一「栓」進你的體內。

你還會看到那些可以鼓勵支持你實踐財富檔案的正面行動。儘快把每一個檔案都付諸實行，這非常重要，把檔案裡的知識運用在具體的、有組織的層次，創造出可以持久且永恆的改變。

大部分人都知道，人是習慣的動物；不過大部分人不一定了解，習慣分成兩種：習慣了「去做」，以及習慣了「不去做」。一切你現在沒有在做的事，都是你習慣了不去做的事。要把不去做的習慣改掉，變成去做的習慣，唯一的方式就是去做它。閱讀可以幫助你，但是閱讀與實際行動是兩碼子事。如果你眞的渴望成功，那麼就用行動來證明你的決心，把這本書上所建議的行動都付諸實現。

財富檔案1

有錢人相信：「我創造我的人生。」
窮人相信：「人生發生在我身上。」

如果你想要創造財富，就要相信是你自己在掌握人生——特別在金錢方面——的方向盤。這一點非常重要。如果你不相信這一點，那麼你一定是本來就認為你對於自己的生命只有很少的控制權，或者根本毫無控制權，因此你對於自己在金錢方面能否成功也只有很少的控制權或根本就沒有控制權——那不是有錢人的態度。

你有沒有發現，會花很多錢玩樂透彩的人通常是窮人？他們是真的相信財富會像抽籤抽中了他們的名字一樣的降臨到他們身上。開獎的晚上，他們黏在電視機前面，緊張兮兮看著開出號碼，期待財富就要「降臨」在他們身上。

當然，誰都想贏得樂透，連有錢人偶爾也會玩一玩，不過有錢人不會把收入的一半拿來買樂透；第二，中樂透並不是他們創造財富的主要「策略」。

你必須相信，只有你能造成自己的成功，也只有你能造成你的平庸，只有你能造成自己為錢辛苦或是前途茫茫。不管是出於自覺或不自覺的原因，你的人生狀態都是你自己造成的。

可是，窮人不為自己生命中的一切負責，卻選擇了要扮演「受害者」的角色。一個受害者最主要的想法通常是：「我好可憐」。所以，根據意念法則，受害者們就會得到這個：他們會變得很「可憐」。

注意：我說他們是在「扮演」受害者的角色，我沒有說他們「是」受害者。我不相信有人生來就是受害者。我相信人會扮演受害者的角色是因為他們認為這樣做能給他們帶來某種好處。

究竟要如何辨認某人是不是在扮演受害者的角色呢？這種人通常有三個明顯的特徵。在討論這些特徵之前，我要你們知道，我曉得這些特徵與正在閱讀這本書的你沒有任何關係。不過，可能，只是可能，你也許認識某個人就是這個樣子，而且非常可能你跟那個人還很熟呢！不管是哪一種狀況，我都建議你要仔細閱讀這三大特徵。

受害者特徵一：責怪

說到了爲什麼受害者都不能賺大錢，要先講他們大部分人都很擅長的「怪罪遊戲」。這遊戲的目的是看你能伸出手指責怪多少人和多少事，而完全不用檢討自己。這遊戲對於受害者來說很好玩，但很不幸的，對於碰巧出現在他們身邊的人們來說一點都不有趣，因爲，受害者身邊的人往往最容易成爲被責怪的對象。

受害者會責怪經濟不景氣，怪政府，怪股市，怪他們的股票操作員，怪他們所從事的行業，怪他們的老闆、員工，怪總公司，怪他們的上線或下線，怪客戶服務，怪船務部門，怪合夥人，怪配偶，怪上帝，而且當然他們絕對會責怪自己的爸媽。反正，做錯的永遠是別人或是別的事情，一定不是他們自己。

受害者特徵二：合理化

如果受害者不是在怪東怪西，你常會聽見他們在找藉口，或者想辦法證明他們是合理的，譬如他們會說：「錢不是眞的很重要。」讓我問你這個問題：如果你說你的先生或太太，或是你的男友或女友，或是你的合夥人或你的朋友並不那麼重要，那麼他們還會待多久在你的身邊？應該不會太久了，錢也是一樣！

在我的研習會上，總有參加者會上前來對我說：「你知道嗎，錢眞的不是那麼重要。」我就會看著他們的眼睛說：「你沒錢了！對吧？」

他們通常會先低頭看自己的腳，軟弱地說出這類的話：「嗯，我現在是遇到了一點錢的挑戰，不過——」

我會打斷他們，說：「不，不只是現在而已，你一直都是這樣，你一直都處在破產的狀態或是接近破產，對不對？」

這時，他們通常會點頭表示同意，神色難過地回到座位上，準備聽我往下講，因爲他們終於發現自己這個信念爲他們的人生帶來很糟糕的影響。

他們當然會窮到家徒四壁。如果你覺得一輛脚踏車不重要，你會要它嗎？當然不會。如果養一隻鸚鵡當寵物對你來說並不重要，你會養它嗎？當然不會。同樣的，如果你認爲錢不重要，那麼你根本就不會有太多錢。

光是這個看法就足夠讓朋友對你刮目相看了。以後你在和朋友談話時，假如他告訴你「錢不重要」，就把你的手放在額頭上，眼睛往上看，彷彿你正在接受天啓似的，然後大聲說：「你沒錢了！」你的朋友會大爲震驚，不過他一定會回答：「你怎麼知道？」

然後你把手掌伸出來，回答說：「你還想知道什麼事情？請給我五十元！」

讓我坦白說吧：任何一個說錢不重要的人，都是沒有錢的人！有錢人了解金錢的重要性，了解金錢在社會上扮演的角色，但是，窮人會用毫無關聯的對比來證明自己的窘境是合理的，他們會說：「嗯，錢並沒有愛那麼重要。」這個比喻眞是蠢吧？你要不要問你的手臂比較重要還是你的腿？也許它們兩個都很重要吧。

聽好，親愛的朋友們：錢，在它能發揮效用的地方實在是太重要了；而在它不能發揮作用的地方，它就完全不重要了。愛雖然可以讓世界轉動，但是它不能蓋醫院，建教堂，或打造一個家。也不能當飯吃。

致富法則：

錢，在它能發揮效用的地方實在是太重要了；而在它不能發揮作用的地方，它就完全不重要了。

還不相信嗎？你要不要用愛去付帳單就知道了。還是不確定嗎？那麼，上銀行試著

存一些愛進你的戶頭，看一看結果會如何。我看，銀行行員會看著你，覺得你是從瘋人院出來的，然後大叫：「警衛！來處理一下！」

沒有任何一個有錢人會相信錢不重要。如果我一直無法說服你，而你無論如何都認爲錢不重要，那麼我只有一句話可以送你：你不會有錢，而且你永遠都會沒錢，直到你把那個沒有正面意義的檔案從你的金錢藍圖移開爲止。

受害者特徵三：抱怨

抱怨，是你對你的健康或財富所做的事裡面最糟糕的一件。抱怨是最糟糕的事！爲什麼？

我眞心相信一個全宇宙通行的定律：「你所關注的事情會擴大。」當你抱怨的時候，你關注的是你生活中正確的事還是錯誤的事？顯然是錯誤的事；既然你所關注的事情會擴大，那麼你就會繼續得到更多錯誤的事情。很多從事個人成長課程的講師都常提到一條吸引定律：「物以類聚。」也就是說，你在抱怨的時候，其實是在吸引更多「爛事」進入你的生活中。

致富法則：

你在抱怨的時候，其實是在吸引更多「爛事」進入你的生活中。

你有沒有注意過，愛抱怨的人通常日子都不好過？彷彿天下所有可能出錯的事都發生在他們身上了。他們說：「我當然會抱怨，你看我過得那麼爛！」你已經知道了這個道理，就可以告訴他們：「那是因爲你一直抱怨你的生活很爛。現在請你閉嘴……離我遠一點！」

這就又導向另一個重點了：你一定要非常非常確定不要靠近任何一個愛抱怨的人。如果你避不開，非得與他們相處不可，請記得帶一把鐵傘，否則原本會朝向他們而去的爛事最後可能會落到你身上！

我一向儘可能遠離愛抱怨的人，因爲負面的能量是會傳染的。但是有很多人很喜歡聚在一起聽別人抱怨。爲什麼？很簡單：他們在等著輪到自己抱怨：「你那樣就叫做不好嗎？等你聽完我的故事你就不會這麼覺得了！」

我要出個作業給大家，保證它能改變你的生活。在接下來的七天裡，我要求你完全不要抱怨。不但不要說出你的抱怨，而且是連想抱怨的念頭都不要有。不過你必須持續整整七天。為什麼？因為在頭幾天裡，你可能還會有一些從過去而來的「殘餘爛事」會騷擾你；爛事進行的速度不是光速，你知道它的速度是爛事速度，所以需要花一點時間才能清理乾淨。

我曾經向幾千個人提出挑戰，請他們做這個「不抱怨」的練習，而你不知道有多少人跟我說，這個微不足道的小練習改變了他們的人生。我向你保證，假如你不再只是想著那些發生在你身上的爛事——並因此停止把它們吸引過來——你將會驚訝於你的人生竟然可以變這麼好。如果你一直很愛抱怨，就別想要吸引成功；對大部分人而言，能做到面對爛事而保持「中立」，就已經是朝向成功踏出了不起的第一步了！

責怪、合理化和抱怨，就像是藥丸，頂多只能紓解一時的壓力，減輕失敗的焦慮。想想看，如果一個人不是在某方面、某種形態上或某種方式上很失敗，他會需要怨天尤人、經常找理由證明自己是合理的，或者一天到晚抱怨嗎？當然不用。

從現在開始，每當你聽到自己大聲責怪別人、找藉口或抱怨的時候，請馬上停下這些舉動。你要提醒自己：是你在創造自己的人生，而且你隨時都在吸引成功或是爛事進入你的生命中，所以務必明智選擇你的想法和你所說的話！

現在我要告訴你一個全世界最大的秘密。準備好了嗎？仔細讀這句話：天下沒有所謂的「有錢的受害者」這回事！你了解嗎？我再說一次：天下沒有所謂的「有錢的受害者」這回事！「啊，我的遊艇被刮了一道。」大概所有人都會說：「誰管你啊？」

致富法則：

天下沒有所謂的「有錢的受害者」這回事！

但是，當受害者有什麼好處嗎？當然有，那好處就是：得到別人的注意。被別人注意是很重要的事嗎？當然是。從某方面來說，人活著的最重要憑據就是得到了別人的注意；而人們變成爲了得到別人的注意而活，實在是個錯誤。我們大概都會經錯把「注意」解讀成「愛」。

相信我，假如你一直渴望被別人注意，你根本不可能眞的覺得快樂或成功。因爲，如果你只想得到注意，那麼你就是活在別人的恩惠底下。你通常會變成經常在討好別人，乞求別人的贊同。尋求他人注意的人，是麻煩人物，因爲他們會做出愚蠢的事情來引起注意。

要把注意和愛分開來看，這是非常重要的，有幾個原因：第一，你會更成功。第二，你會更快樂。第三，你會在生命中找到「眞正的」愛。大致而言，當人們把注意和愛誤以爲是同一回事的時候，他們並不是眞正在精神層次上愛著彼此，而是大部分從他們自己的自我出發。因此，這份感情關係事實上是關於這個人，而不是關於另外一個人，也不是爲了你們兩個人。

把注意和愛分開，你會覺得自由，可以愛對方眞正的自己，不是愛他們能爲你做的事。

既然我說了，沒有所謂有錢的受害者這回事，所以，想要尋求別人注意的人，假如一直在扮演受害者的角色，也就爲自己註定了不可能得到財富的宿命。

你也該痛下決定了。你可以當一個受害者，或者變成有錢人，但是你不可能兩者都是。聽好！每一次——我說的是每一次——當你責怪別人、尋找藉口或是開口抱怨的時候，你就是在割斷自己致富的機會。我也可以用一個比較善良而溫和的比喩，但是我現在對於善良溫和沒有興趣，我只想幫助你看淸楚，你到底一直在對自己做著什麼事！以後等你變成有錢人了，我們再來談善良溫和這回事。

你現在就應該找回你的力量，認識到你生命中所擁有的一切和所沒有的一切都是你自己一手造成的。你要知道，你的財富是你創造的，你的貧窮也是你創造的，介於貧窮與富有之間的所有狀態，也都是你自己創造的。

提出宣言：請把手放在你的心上，說：

「我創造我自己的理財等級！」

現在，摸著你的頭說：

「這是有錢人的腦袋！」

像有錢人一樣行動

1. 每次你發現自己在責怪別人、找理由或是抱怨的時候，就把你的食指劃過你的喉嚨，當作是板機，提醒自己你正在斷送自己致富的機會。這個動作看起來有點粗魯，但它不比你責怪別人、尋找藉口和抱怨的時候更加粗魯，而且它最後會發生作用，把這些有害的習慣全部解除。
2. 做一份「簡報」。在每一天臨睡前，寫下一件你今天進行得很順利的事，以及一件不順利的事。然後回答這個問題：「我是如何創造出這兩種情況的？」如果事情牽涉到別人，就問自己：「造成這兩種情況的原因中，我扮演了什麼角色？」這個練習可以讓你爲自己的生命負責，並且讓你發現哪些策略對你有益，哪一些卻沒有。

財富檔案2

有錢人玩金錢遊戲是爲了贏。窮人玩金錢遊戲是爲了不要輸。

窮人玩金錢遊戲是採取守勢而非攻勢。讓我問你一個問題：如果你玩任何一種運動競賽或遊戲時只守不攻，請問你贏得比賽的機率是多少？我想大部分人都會說，幾乎等於零。

可是這就是大部分人玩金錢遊戲的方式。他們最在乎的是求生存和保住安全感，而不是創造財富和豐裕。那麼，你的目標是什麼呢？你眞正的企圖是什麼？

眞正的有錢人，他們想追求的是擁有大量的財富和富裕，不是一點點錢，而是很多很多的錢。那麼，窮人最大的目標是什麼？是「擁有足夠的錢可以準時付帳單……能做到這樣已經是奇蹟了！」讓我再提醒一次：意念的力量很驚人。當你的意念是要擁有足夠付賬單的錢，那麼你就會得到那些錢——夠你付淸各種賬單，一塊錢都不會多。

環境小康的中間階級至少會再往前一步——可惜，只是很小的一步。他們人生最大的目標就是他們在所有字眼當中最愛的那個詞——只要「舒服」就好。我很不願意告訴你實話，但是過得舒服和過著有錢的生活，眞的是天差地別。

我必須承認，我不是從一開始就知道這件事的。但是，我有資格寫這本書的原因之一，我相信正是因爲我曾經撞上三道舉世聞名的籬笆：我曾經窮到必須借銅板加油的地步；那不是我的車；而我湊了四個銅板。你知道一個成年人必須用四個銅板付油錢是一種多麼難堪的處境嗎？加油站打工的那個孩子看著我，好像是把我當成販賣機搶匪，然後搖頭笑著。我不知道你們能不能想像，不過這絕對是我經濟上最低潮的日子，而這還只是我的慘痛經驗之一。

後來我採取了行動，躍升到舒服的層次。過得舒服是件好事，至少你可以去高級餐廳換換口味。不過，我能點的菜也不過就是雞肉罷了。我不是說吃雞不好，如果你喜歡吃雞那當然很好。但事情通常不是這樣。

事實上，只達到了舒服層次的人，通常會以菜單上的價格當作要吃什麼的依據。假如你只是過得舒服，你不會把視線往下移到價格較高的那一區，因爲那樣你會看到中間階級字典裡最禁忌的字眼：「市價」！而就算你很好奇，你也絕對不會問那個價格到底是多少。第一，因爲你知道自己吃不起；第二，當服務生告訴你那道餐的價格之後，你說「你知道嗎，我今天很想吃雞肉！」，這時你知道他根本不相信你。天哪，你曉得這有多尷尬嗎？

我必須站在自己的立場說句話，有錢的最大好處之一，就是再也不需要看菜單上的標價。我吃我想吃的東西，不管它多少錢。在我很窮和處於舒服層次的時候，我不可能那麼做。

致富守則：

如果你的目標是過得舒服就好，你就很可能永遠也不會有錢。但是如果你的目標是賺大錢，那麼你最後很有可能會舒服得不得了。

上述幾段的重點是：如果你的目標是過得舒服就好，你就很可能永遠也不會有錢。

但是如果你的目標是賺大錢，那麼你最後很有可能會舒服得不得了。

我們在課程中教了一項法則：「如果你瞄準的是星星，那麼你至少會射中月亮。」沒錢的人連自己家的天花板都不瞄準，居然還懷疑爲什麼無法成功。這下知道原因了吧。你會得到你眞正想要得到的東西。如果你想要有錢，你的目標就必須是變成有錢人，而不是有足夠的錢付帳單，也不是只夠過舒服的生活。有錢的意思就是有錢！

提出宣言：請你把手放在你的心上，說：

「我的目標是變成千萬富翁以上！」

現在，摸著你的頭說：

「這是有錢人的腦袋！」

像有錢人一樣行動

1. 寫下兩個財務目標，要能顯示你確實決定要創造富裕生活，而不只是要平庸生活或貧窮生活。爲以下的目標寫下「必勝」兩字：

 年收入

 淨值

爲這些目標設定一個實際的完成時間，同時，要記得「瞄準星星」。

2. 去一家高級餐廳，點一份「市價」餐，不要問價錢。（如果資金有點不足，也可以兩人共享。）

記得，不要點雞肉！

財富檔案3

有錢人努力讓自己有錢。
窮人一直想著要變有錢。

如果問大部分人想不想變成有錢人，他們會看著你，把你當瘋子，然後說：「我當然想要有錢啊。」然而事實上大部分的人並不眞的想變得有錢。爲什麼？因爲他們的潛意識裡有太多負面的財富檔案一直在對他們說，有錢是不對的。

在我們的密集課程上，會問大家一個問題：「有錢，或是想要變得有錢，這件事有哪些可能的負面因素？」

以下是幾種回答，請你看看你符合哪一些。

「萬一我成功之後又失去一切呢？那我就眞的會變成一個失敗者。」

「我永遠不會知道別人是喜歡我的人還是我的錢。」

「我會變成納稅稅率最高的那個等級，我賺的一半錢都必須繳給政府。」

「這件事太麻煩。」

「我可能會在過程中賠上健康。」

「我的朋友和家人會說，『你以爲你是誰啊？』然後批評我。」

「每一個人都想要來分一杯羹。」

「我可能會被搶劫。」

「我的小孩可能會被綁架。」

「責任太大了。我必須管理那麼多的錢，還得弄懂投資的事，要想辦法節稅，保護資產，還要請很昂貴的會計師和律師。啊，眞麻煩。」

我前面提過，每一個人都有一個財富檔案，存在那個叫做腦袋的櫃子裡。這個檔案裡面有我們的個人信念，包括爲什麼變有錢是一件好事。但是對很多人來說，這個檔案裡還含有一些資訊講的是變得有錢並不是件好事。也就是說，他們對於財富的認識是混淆的。他們心中有一部分很高興：「有更多錢可以讓生活更有樂趣。」但另外一部分在大叫：「那是沒錯，但我就必須工作得像條狗！那有什麼樂趣呢？」有一部分說：「有錢就可以環遊世界。」另一部分又會插嘴：「對，但是全世界所有人都會想要來分一杯羹。」這些認識看起來都沒有問題，可是這些觀念卻造成了大部分人沒辦法變有錢。

你可以這樣看。我們所處的這個宇宙——這是「較高力量」的另一個說法——就像一個大型的郵購公司，不斷把人、事、物帶到你的身邊。你根據你的信念把你的能量訊息傳送出去，然後得到你所「訂購」的東西。根據吸引力定律，宇宙會盡可能答應你，支持你。但是如果你的檔案裡的訊息很混亂，宇宙就不會了解你到底想要什麼。

宇宙聽到你說你想變得有錢，它便開始把發財的機會送給你；但是一會兒又聽到你說「有錢人都貪得無饜」，於是它轉而支持你不想變有錢的計畫。但是你轉念又想：「有很多錢會讓生活變得有趣」，可憐的宇宙驚慌失措了，但是它又把賺錢的機會送給你。隔天你又情緒低落了，想著：「錢並沒有那麼重要。」感到很挫敗的宇宙終於大叫：「你到底可不可以做個決定！我會把你想要的都給你，但請你告訴我，你到底想要什麼！」

大部分人沒辦法得到他們想要的東西，最大的原因是他們不知道自己想要什麼。有錢人就完全清楚，他們想要的是財富，他們的慾望不會隨便動搖，所以全心全意投入於創造財富的活動中。只要是合法的、合乎道德倫理的，他們就會不顧一切取得財富。有錢人不會把混亂的訊息送進宇宙中。但是窮人會。

（附帶一提，當你讀到前面這一段，如果腦中出現一個小小的聲音說：「有錢人才不管合不合法，合不合乎道德倫理呢」，那麼你沒有讀錯書！往下閱讀，你就會發現自己這種想法的殺傷力有多大。）

致富法則：

大部分人沒辦法得到他們想要的東西，最大的原因是他們不知道自己想要什麼。

爲什麼想變有錢和成爲有錢人會是麻煩事？關於此，窮人有很多很好的說法，因此他們不能百分之百確定他們眞的想要變富有。他們傳達到宇宙的訊息是混亂的，傳達給別人的訊息也是混亂的。爲什麼會這樣？因爲他們給自己的訊息也是混亂的。

你永遠會得到你潛意識裡想要的東西，而不是你嘴上說想要的東西。對此你可能會鄭重否認，回答我：「你瘋了！我怎麼可能會想要這樣子掙扎？」這也是我想問你的問題：「我不知道。爲什麼你要這樣掙扎呢？」

如果你想找到原因，我邀請你參加我們的密集訓練課程，在課上你會看清楚自己的金錢藍圖，而答案會活生生呈現在你面前。直接一點說，如果你並沒有達到你嘴巴上所說的很渴望達到的財富成就，那麼很有可能是因爲，第一，你潛意識裡並不眞的想變得有錢；或者第二，你並不想付出應有的代價去創造財富。

事實上，所謂「想要」有三種層次，第一種層次是：「我想要變得富有」。換句話說，這句話的意思是「如果錢掉到我的頭上我會接受」。只是想要，並不會起作用。你有沒有注意過，想要並不必然導向「擁有」？光是想要卻沒有得到，會導致更多的欲求。你會習慣性就想要，而這只會繼續造成你想要，讓你陷入死胡同。財富不會僅僅因爲你想要就達成。全世界幾十億人都想變成有錢人，但是眞正成功的人是鳳毛麟角。

第二種層次是：「我選擇要變得富有」。這是說你決定要變成有錢人。「選擇」具有很強的能量，它與負擔起責任、爲自己創造自己的現實，是一體兩面的事。「決定」一字來自拉丁字「decidere」，意思是「去除其他選擇」。但這還不是最好的層次。

第三種層次是「我致力於變得富有」。「致力」的意思是「毫無保留貢獻自己」，意思是完全付出，獻上你的一切，以達成富有的狀態。它的意思是願意做任何該做的事，付出所有該付出的時間。這是戰士的方式。沒有藉口，沒有如果，沒有但是，也沒有或許；當然更不許失敗。戰士的方式很簡單：「我會變得富有，而我會嘗試到死爲止。」

「我致力於變得富有。」試著對自己這麼說一次。結果如何？有些人會感覺自己的力量變強了，但有些人會覺得有點害怕。

大部分人永遠不可能全心全意致力於讓自己變得富有。你問他們：「你願不願意用自己的性命打賭，十年後你會變成有錢人？」大部分人會說：「不願意！」正是因爲他們不想全心致力於變成有錢人，所以他們不會有錢，而可能一輩子都不會。

有人會說：「你在講什麼啊？我工作得像條狗，我眞的很努力。我當然是在致力於變得有錢啊。」我會回答：「你在做的事其實意義不大。『致力』的意思是毫無保留地獻出自己。」關鍵字是毫無保留。也就是說，你要把一切，一切，都投進去。我認識很多在錢這件事上不成功的人，大部分都畫出了限度，限制自己可以付出多少、冒險到什麼程度、犧牲到什麼地步。他們以爲他們願意付出該付出的一切代價，但是深入探究之後我總會發現，他們對於哪些願意做哪些不願做，其實有重重限制！

我很不願意告訴你，致富這件事不像去公園散步那麼容易，如果有人告訴你它很簡單，那麼他若不是比我知道更多關於致富的道理，就是他說話不實在。根據我的經驗，想變成有錢人，需要專注、勇氣、知識、專業、百分之百的努力、永不放棄的態度，以及當然要具備的，一顆有錢人的腦袋。你要在心底深處相信自己有能力創造財富，而且完全值得擁有財富。這意思是說，如果你不是全心全意、眞心眞意想創造財富，那麼你很可能創造不出多大的財富。

致富法則：

如果你不是全心全意、眞心眞意想創造財富，那麼你很可能創造不出多大的財富。

你願意一天工作十六個小時嗎？有錢人願意。你願意一週工作七天，週末不休假嗎？有錢人願意。你願意犧牲跟家人朋友聚會的時間，放棄你的休閒和嗜好嗎？有錢人願意。你願意在無法保證回收的情況下投入你全部的時間、精力和資本嗎？有錢人願意。

有這麼一段時間，我們希望這段時間很短但它通常很長，有錢人會準備充分並且願意做上面提到的這一些事。你，願意嗎？

也許你很幸運，不需要工作太久或太辛苦，不需要犧牲任何東西。你可以祈禱事情這樣發生，但我不認爲那能成眞。再說一次，有錢人會盡力付出一切去行動。

然而，有趣的是，一旦你眞的全心全意付出，宇宙就會來幫助你。我很喜歡探險家

W・H・莫瑞（W. H. Murry）所說的一段話，他在攀登喜馬拉雅山的探險途中寫下：

人在全心投入之前，都會猶豫，想著退出，也就一直做不出什麼成績來。關於所有自發的（以及創造性）的行動，都有一個最基本的眞理，忽略了這個眞理，則會扼殺無數的點子和偉大的計畫：也就是說，從一個人眞正把自己投入的那一刻開始，上帝的旨意也會跟著動作。從那個決定開始，啓動了一連串的事件，各種不同且無法預見的事件、人際遇合、物質援助接踵而來，以他未曾夢想過的方式匯聚起來，一同協助他。

換句話說，宇宙會幫助你，引導你，支持你，甚至會爲你創造奇蹟。但是，首先，你自己必須先投入！

提出宣言：請你把手放在你的心上，說：

「我致力於變得富有。」

現在，摸著你的頭說：

「這是有錢人的腦袋！」

像有錢人一樣行動

1. 寫下一段話，說明你爲什麼認爲創造財富對你是一件重要的事。請寫具體的細節。
2. 與一個支持你的朋友或家人見面，告訴他，你要喚起心中那股願意做出承諾的力量，讓這股力量幫助你創造成功。把手放在你的心上，看著對方的眼睛，說出以下宣言：

   「我＿＿＿＿(名字)，在此宣示，我要成爲大富翁，預計於＿＿＿＿(日期)以前達成。」

   然後，要你的夥伴對你說：「我相信你。」

   然後你說：「謝謝你。」

   對照你在許下承諾之前和做出承諾之後的心情。如果你覺得自由，那麼你就上路了。如果你覺得有一點恐懼，那麼你也上路了。如果你連做這個也懶，那麼你還處在「不願意付出所需付出的一切」的狀態，或是「我不需要做這種怪事」的狀態裡；不管你是哪一種狀態，我都要提醒你：就是你那種方式把你自己帶到今天這個處境。

財富檔案4

有錢人想得很大。
窮人想得很小。

我們以前有一個課程講師，他的淨值在短短三年內從二十五萬美元（約合台幣八百五十萬）躍升到六億美元（約台幣兩百億）。有人問起他的成功秘訣，他說：「從我開始把想法變大的那一刻起，一切都改變了。」

我要向你介紹一條收入定律：「你的收入，與市場認爲的你所產出的價值成正比。」

致富法則：

你的收入，與市場認爲的你所產出的價值成正比。

關鍵字是「價值」。市場是以四個因素判定你的價值：供給、需求、品質、數量。根據我的經驗，對於大多數人而言，這四個因素裡面挑戰最大的是數量。這個數量因素很簡單，它問的就是：你實際上把多少的自身價值帶進了市場中？

換一個表達方式：你實際上服務了多少人，或是影響了多少人？

舉個例子。在我這一行，有些講師喜歡一次教二十個人左右的小團體，有些人則喜歡大概一整個教室有一百個左右的聽衆，有些喜歡教五百人左右，還有人喜歡一千到五千個聽衆，甚至更多。這些講師的薪水有沒有不同呢？你最好相信，有的！

想一想傳銷事業吧，只有十個下線的人，他的收入與有一萬個下線的人會不會不一樣？我想會吧！

我在書的開頭談到我開過連鎖體育用品店。我當初考慮進入那個行業，就打算要開一百家分店，而且影響成千上萬的人。但是，比我晚六個月開始的競爭者，只想要開一家店，到最後呢，她賺到了還不錯的生活，而我變成了有錢人！

你想要如何過你的人生，想要怎麼玩這個遊戲？你是想在大團隊還是小團隊裡頭玩，進入大聯盟還是小聯盟？你要玩大的還是只要小試一下？

大部分人會選擇小玩一下。為什麼？第一，因爲害怕所以只要小玩。他們怕失敗怕得要死，甚至他們更害怕成功。第二，因爲他們覺得自己很渺小，沒有價值。他們不覺得自己夠好或夠重要，足以爲別人的生活帶來眞正的影響。

但是你聽著：人生不只是關於你自己怎麼過活而已，還與對別人付出有關，也與完成你的使命有關，與你爲什麼會在此時存在於地球上有關。人生，是把自己這一塊小拼圖加進世界的版圖上。大部分人都太執著於自我，認爲一切都是繞著自己旋轉，無時無刻想的都是我，我，我。然而，如果你想活出「富裕」一詞的眞正意涵，它就不會只跟你自己有關，而必須爲別人的生活增加價值。

現代最偉大的發明家和哲學家之一，巴克明斯特・富勒（Buckminster Fuller）曾說：「生活的目的，是爲我們這個世代及後代增添價值。」

每一個人帶著不同的稟賦來到世間，生下來就會做某些事。上天讓我們擁有天賦，只有一個理由：就是要我們去使用天賦，並且與別人分享。研究顯示，最快樂的人是完全發揮天賦的人。你的人生使命之一就是儘可能與更多人分享你的天賦和價值。這個意思就是，你要願意玩大的。

你知道所謂「企業家」的定義嗎？我們在課程裡，把企業家定義成「一個幫助別人解決問題同時可以賺大錢的人」。沒錯，企業家不過就是「解決問題的人」。

那麼我要問你了，你是願意爲多一點人解決問題，還是少一點人？如果你的答案是多一點，那麼你就需要開始想得更大，而且決定幫助很多很多的人，幾千人幾萬人甚至更多。這樣做的副產品就是，你幫助了越多人，你在心理上、情感上、精神上就會更富足，當然鐵定在金錢上也會。

千萬要知道，世上的每一個人都有一個使命。你現在活著，是有原因的。理查・巴哈（Richard Bach）在他的書《天地一沙鷗》（*Jonathan Livingston Seagull*）當中問到：「我要如何知道我已經完成了自己的使命？」答案是：「如果你還在呼吸，你就還沒有完成。」

可是，我看過太多人沒有在做自己份內的事，或者沒有盡到梵文裡講的「法」（dharma）。我看過太多人玩得太小，太多人被充滿恐懼的自我給控制著。這使得太多人沒有徹底發揮自己的潛能，好好兒過人生，努力對別人做出貢獻。

總歸一句：就是你了。

人來到世間都有自己的獨特目的。假如你是房地產投資者，你買地產來出租，賺現金和增值財，那麼你的使命是什麼？你可以如何助人？很可能，你可以幫助很多家庭找到他們靠自己可能沒辦法找到的適合他們財力的房子，你因此可以幫助你的社區增值。問題是，你可以幫助多少家庭，多少人？你願意不只幫助一個人而是十個人，幫助二十個人而非十個人，一百個人而非二十個人嗎？這，就是我說的「玩大的」。

瑪莉安・威廉森（Marianne Williamson）在她的《發現眞愛》（*A Return to Love*）這本書裡這麼寫道：

> 你是上帝的孩子。你的小心翼翼幫不了這個世界。縮小自己，好讓周圍的人在你身邊不會感到不自在，這樣做並沒有意義。我們都必須閃亮，像孩童那樣發亮。我們生下來就是爲了彰顯我們內在的上帝的榮光；它不是只存在於一些人裡面，它就在每一個人裡面。當我們讓自己的光芒閃閃發亮，我們也就在不知不覺中允許了別人散發光芒。一旦我們從自我的恐懼中解放出來，那麼自然而然的，我們的存在就會

讓別人得到解放。

這個世界不需要更多只能玩小意思的人。時間到了，不要再躲著，要跨出去。不要再只是想著你「需要」，而是要開始領導。該開始分享你的天賦了，別再藏著自己的天分或假裝它不存在。

是時候了，你應該開始用「大」的方式玩人生這場遊戲。

小小的想法和小小的行動只會導致貧窮和缺乏成就感。想大的，做大的，你將會擁有金錢和生命意義。

提出宣言：請你把手放在你的心上，說：

「我想玩大的！我選擇去幫助成千上萬的人！」

現在，摸著你的頭說：

「這是有錢人的腦袋！」

寄件人：吉姆・洛斯馬力
收件人：T・哈福・艾克

如果以前有人告訴我，說我的收入會加倍，而我休息的時間也會加倍，我會說那根本是不可能的事。不過，這事真的發生了。

一年裡，我們的營業額成長了一七五%，而我總共休了七個星期的假（其中很多天我是拿來上潛能訓練課程）！這真的太驚人了，這之前的五年，我們的成長都很微不足道，一年裡要擠出兩星期的假期也很不容易。

認識了哈福・艾克並加入潛能訓練之後，我更了解我自己，也更懂得欣賞生命中更大的富足和豐裕。我與太太和小孩的關係也有了大幅改善。我現在可以看到以前沒有想像過的機會，我覺得我真的走對了路，朝向全方位的成功前進。

像有錢人一樣行動

1. 你相信自己具備哪些「天賦」？把它們寫下來。我指的是你很自然就做得很好的事。然後，也寫下你認爲你可以如何運用這些天賦、用在哪些方面，尤其是如何在你的工作上運用它們。
2. 你可以如何幫助比你現有工作或事業上所影響到的人再多出十倍的人數？如何幫他們解決問題？把它寫下來，或者找一組人腦力激盪，至少想出三個不同的策略。想想「槓桿原理」。

財富檔案5

有錢人專注於機會。
窮人專注於障礙。

有錢人看見機會，窮人則看見障礙。有錢人看到成長的潛力，窮人看到賠錢的潛力。有錢人專注於可以得到多少報酬，窮人專注於要負擔的風險有多高。

說到底這都回到一個古老的問題：「杯子是半滿的還是半空的？」這裡談的不是正面思考，而是你習慣性看待世界的角度。窮人基於恐懼而做出選擇，他們的心靈永遠在搜尋每種情況下出錯或可能出錯的地方。他們最主要的想法是：「如果不成功怎麼辦？」而更常出現的是「這樣做行不通」。

小康人士的心態稍微樂觀一些，他們的想法是「我當然希望這行得通」。

至於有錢人，他們為自己生活中的結果負責，而他們的行動是基於這個想法：「會行得通，因為我會讓它行得通。」

有錢人期待成功。他們對自己的能力和創意有信心，他們相信萬一不小心撞了牆，他們可以找到其他方式來達到成功。

一般說來，回收的報酬越大，風險也就越高。因為有錢人一直看見機會，所以他們願意冒險。有錢人相信，如果事情變糟了，他們永遠可以把錢再賺回來。

但是窮人呢，他們期待失敗。他們對於自己和自己的能力都沒有信心。窮人相信，如果事情行不通，就像世界末日來臨。而正因為他們總是看見阻礙，所以他們通常都不願意冒險。可是，不入虎穴，焉得虎子？

補充一點，願意冒險並不代表願意損失。有錢人冒的是經過了計畫的風險，他們會做研究，付出必要的努力，再根據具體的資訊和事實做出決定。有錢人會花一輩子做計畫嗎？不會。他們會在短時間內儘可能地努力，然後根據周詳的考慮再決定是否繼續投入。

窮人也說自己在為機會做準備，但是通常只是在虛耗光陰。他們非常害怕，磨磨蹭蹭好久，幾星期、幾個月，甚至好幾年，最後機會往往就這樣流失了。然後他們又會解釋自己的做法其實是合理的：「我差一點就準備妥當。」只不過，在他們「準備」的同時，有錢人已經進場又出場，在別的地方賺了一大筆啦。

我接下來要說的話聽起來可能有點奇怪，因爲我是非常注重自我負責的人。我相信很多人所講的「運氣」有一部分跟發財有關，或者，與不管在任何方面的成功都有關。足球場上，還剩不到一分鐘就要結束比賽了，敵隊球員在你們的一碼線內摔倒，結果使得你們的球隊贏得比賽。在高爾夫球場上，一記失誤，球打到界外區的樹上又彈回果嶺，離洞口只有三吋。

有個傢伙拿了些錢買下郊區的一塊地，十年後，某企業集團決定在這塊地上興建購物中心或辦公大樓；這種例子你在商場上不知道聽過多少。這個投資人賺翻了。所以，這是他的策略奏效，或者只是運氣好？我想，兩者都有一點吧。

不過，這裡的重點是，包括運氣在內的任何有價值的事物，都是在你也採取了某些行動的時候才會朝你走來。所以，爲了在錢財方面得到成功，你必須做點事，買點東西。當你開始做了，那個在用它神奇的方式幫助你，讓你有勇氣和承諾放手去做的力量，不管它是該叫做運氣，還是宇宙，還是更高力量，反正它會發生！

另外一個相關的重要原則是，有錢人會專注於他們想要的東西上，而窮人專注在他們不要的東西上。再提一次，「你所專注的事物會擴大」，有錢人既然在一切事上都專注於機會，所以他們當然處處是機會。他們最大的問題是要處理好多他們看見了的超棒賺錢機會。至於窮人則看到什麼事都先專注於障礙，所以就處處是障礙，而他們最大的麻煩是要處理他們看到的好多超大的阻礙。

這個道理很簡單。你所專注的區域就決定了你會在生活裡發現什麼。專注於機會，你就會找到機會。專注於障礙，你也會找到障礙。我不是說你不需要解決問題，你當然要在問題出現的時候就當下解決，可是你也要看著你的目標，繼續前進。把時間和精力用來創造你想要的事物。當障礙出現了，就把它處理掉，然後很快重新聚焦在你的目標上。人生不是用來解決難題的，不必把所有時間都用來救火，這樣做的人，是在倒退過日子！你要把時間和能量放在想法和行動上，穩定向前，朝著目標邁進。

你想不想聽一些簡單可是非常珍貴的建議？我告訴你：如果你想變得有錢，就專注在賺錢、存錢和投資上面。你可以讀一千本關於成功的書，參加一百種成功課程，但是一切精華就在那一句話上面。記住，你所專注的事情會擴大。

有錢人也了解，你不可能事先就得知所有的事情。在我們另一門課程「啓蒙戰士訓練」裡，我們訓練大家如何擷取自己的內在力量，追求成功。這門課所教導的原則是「預備，開火，瞄準！」這是什麼意思呢？這是說，你要在儘可能短的時間裡就準備妥當，然後行動，然後再沿途修正。

瘋子才會認爲可以預知未來即將發生的事。神經病才會相信可以爲將來可能發生的每一個狀況都做好萬全準備，並且保護好自己。你知道宇宙中沒有直線嗎？生命不會筆直往前進，它像一條蜿蜒的河，通常你只看得到下一個河彎，而也唯有當你抵達了下一個轉彎處，才能看見更多的景象。

這個概念就是，從你現在所在的位置開始，用你現有的一切，加入遊戲下場玩吧。我稱呼這個階段爲「踏上走廊」。幾年前，我計畫在佛羅里達州的羅德岱堡開一家二十四小時營業的糕點咖啡店，我研究過幾個地點和市場狀況，找到了我需要的設備。我也研究應該選用哪些蛋糕、派餅、冰淇淋和咖啡。我遇到的第一個大麻煩是，我胖了，胖得像頭豬！像這樣把研究物件呑下肚可不是好事，於是我問自己：「想深入研究這一行，最好的辦法是什麼？」然後我聽到我心裡那個叫做哈福的傢伙開口說話，他顯然比我聰明多了，他說：「如果你眞的想了解一個行業，去做就是了。你不必在第一天就萬事齊備，要想踏上走廊，就先在這一行裡找個工作。從在餐廳掃地洗碗開始做，學到的會比你在外面研究十年還要多。」（我說過，他比我聰明多了。）

所以我就這麼做了。我在「巴特勒媽媽烘焙屋」找到一份工作；我實在很想跟你說他們馬上就看出我的天賦異稟，讓我當總裁，但是，唉，不知道爲什麼他們沒看出來，也一點都不在乎我的領導能力，所以我只能跟你說我是從打雜做起，做的是掃地洗碗這些事。

你可能會認爲，做這樣的工作必須吞掉自尊，但我從來不那樣想。我爲自己設定的任務是認識糕點這一行，所以很感激有這機會花別人的錢來學習，還能賺些零用錢。

在巴特勒媽媽烘焙屋打雜的期間，我想辦法找經理聊有關營收和獲利的事，檢查箱子上面印的供應商名稱，還在清晨四點起床幫忙烘培師父，認識機器設備與材料，了解可能出現的問題。

一個星期過去，我以爲我已經對工作很在行，因爲經理找我坐下來談，給我吃派餅（噁！），然後把我擢升爲……（請來點鼓聲）收銀員！我用力想了很久，大概有十億分之一秒，我回答：「謝謝你，但是，謝了我不要。」

困在一台收銀機後面，我根本學不到什麼。我已經把來這邊想學的東西都學到了，任務完成！

這就是我所說的「走廊」，它的意思是，進入你將來想進入的領域，不管從什麼角色開始，總之先跨出第一步。這是你了解某個行業的最好方式，因為你能站在裡面看到一切。其次，你可以建立人脈，這是你站在圈子外面絕對做不到的。第三，一旦你踏入了走廊，很多機會之門就會朝你打開。也就是說，一旦你看到了眞正在進行的事，你就可能會發現一個適合自己的切入點，這是你先前看不到的。第四，你可能會發現你並不眞的喜歡這個行業，感謝老天，你還沒有投入太多，還來得及抽身！

所以，以上哪些事眞的發生在我身上呢？我離開那家店的時候，再也不想聞到或聽到與派餅有關的東西。第二，烘培師父在我離開的隔天也走了，他打電話給我，說他剛剛發現一種熱門的新式運動器材，叫做重力引導倒轉靴（在電影《美國舞男》（*American Gigolo*）裡，男主角李察．吉爾穿著這個東西倒掛），他問我，有沒有興趣看一看。我去看了，覺得這個東西——不是他這個人——太勁爆了，所以我就自己投進去了。

我開始到運動用品店和百貨公司販賣這些靴子，然後發現這些體育用品店都一樣，賣的運動設備蠻差的。我腦子裡鈴聲大作：「機會來了！」世事難料，這是我第一次販賣運動器材，最後卻帶領我成為北美頭幾個開設健身器材經銷連鎖店的人之一，也讓我賺進了人生的第一個一百萬美元。想想，這一切都要追溯到我在巴特勒媽媽烘焙屋打雜的那個工作經驗！道理很簡單：踏上走廊。你永遠不知道什麼門會向你打開。

我有一個座右銘：「行動永遠比不行動好。」有錢人會馬上開始行動，他們相信，只要讓他們下場玩，就可以在當下做出明智的決定，然後再做修正，沿路調整做法。

窮人不相信自己，不相信自己的能力，所以他們認爲必須事先掌握一切的訊息，但那根本是不可能的。而他們也不懂得蹲下！最後，有錢人用「預備，開火，瞄準」的積極態度採取行動，而且通常能夠勝利。

到最後，窮人因爲一直對自己說「等我把所有可能的問題都找出來，都知道該怎麼做之後，我就會採取行動」，於是永遠不採取行動，所以永遠都是輸家。

有錢人一看見機會就撲上去，所以越來越有錢。至於窮人，他們還在「準備」呢！

提出宣言：請你把手放在你的心上，說：

「我專注於機會而非障礙。」

「我預備，我開槍，我瞄準！」

現在，摸著你的頭說：

「這是有錢人的腦袋！」

像有錢人一樣行動

1. 加入遊戲。設想一個你一直想進行的情況或計畫，然後把你一向以來一直在等待的不管什麼東西全部拋開。現在就開始，從你所在的位置開始，用你手上現有的一切開始。如果可能，就一邊為某個人工作，或與某個人一起工作，想辦法學習基本技術。如果你已經學會了那些技術，那麼你就沒有藉口了，馬上去做！

2. 練習樂觀。在今天一整天，不管誰提了什麼問題或障礙，都把它改造成一個機會。你會把那些習於負面思考的人逼瘋，不過，管它的，反正他們一直在把自己逼瘋！

3. 把焦點放在你已經擁有的事物上，而不是想著你所沒有的事物。列一張清單，寫下十件你在生命中覺得感激的事，然後把這十件事物唸出聲音來。接下來的一個月，每天早上都把它唸一遍。如果你不感激你現在所擁有的事物，你將不會再得到更多，也不會需要更多。

財富檔案6

有錢人欣賞其他的有錢人和成功人士。窮人討厭有錢人和成功人士。

窮人通常會用憎惡、嫉妒卻又羨幕的態度看待別人的成功。他們會嘀咕：「他們眞是走運」，或是低聲罵：「這些有錢的混蛋。」

你必須知道，如果你用這樣負面的眼光把有錢人看成壞人，而你想當一個好人，那麼你永遠也不可能有錢。不可能。你怎麼可能變成你瞧不起的那種人呢？

說來眞的很有意思，那麼多窮人討厭有錢人，甚至是痛惡有錢人，彷彿認爲是有錢人使得他們變得這麼窮。「沒錯，都是有錢人把所有的錢都賺走了，所以我一點也拿不到。」這完完全全是受害者的語言。

我要說一個我自己的眞實經驗，與這個法則有關。我可不是要抱怨。很久以前，我開的是一輛破車，在路上換車道從來不成問題，人人都會讓我；但是等到我有錢了，換了一台超可愛的全新黑色積架跑車以後，我沒辦法不注意到事情的轉變。突然間，開始有人在我前面插隊，有時候還無緣無故對我豎起中指，甚至還曾經被丟東西——這一切都只因爲，我開的是積架跑車。

有一天，我開車經過聖地牙哥市的一個低收入區。耶誕節近了，我準備送火雞到一個慈善機構去。我把車子的頂蓬天窗打開，同時注意到四個看起來髒髒的傢伙蹲在我後面那台小貨車的後邊。突然間，他們開始跟我的車打起籃球，把啤酒罐瞄準我的天窗丟過來，造成了五個凹洞和幾道深深的刮痕之後，從我身邊呼嘯而過，大叫著：「有錢的王八蛋！」

我以爲這只是突發事件，直到兩個禮拜後，在另一個低收入社區，我把車停在路邊十分鐘不到，再回去時發現車身被鑰匙刮出了痕跡。

後來我又要到那個地區，我租了一輛福特的車，很神奇的，我什麼問題都沒有碰到。我不是在暗示比較窮的社區的人是不好的人，但是就我的經驗來說，那些地區似乎就是有許多人憎恨有錢人。誰知道呢，也許這是某種雞生蛋蛋生雞的問題：是因爲他們很窮所以厭惡有錢人，還是因爲他們厭惡有錢人所以才這麼窮？我會說，沒差，反正他們就那麼窮！

在嘴上說「別討厭有錢人」是很容易的事，但這要看你的心態如何，因爲任何人都可能掉進陷阱裡，在心裡討厭有錢人，連我也不例外。有一次我在旅館房間吃飯，再過一個小時我就要上台講課。我打開電視看運動比賽的成績，轉到了歐普拉（Oprah Winfred）的節目。我不挺愛看電視，但我喜歡歐普拉，這個女士用正面的方式所影響到的人比誰都多，所以她值得擁有那樣的身價，甚至再多拿一些都值得！

她正在訪問黑人女星荷莉・貝瑞（Halle Berry），談到了荷莉・貝瑞如何拿到有史以來最高的女演員合約片酬：兩千萬美金（約合六億八千萬台幣）。荷莉說她並不在乎錢，她努力爭取這個天價的片酬，是要爲她後面的其他女演員開路。我在心中很懷疑地說：「這什麼話！你以爲我們這些觀衆都是白痴嗎？你應該把那個大餅分一大塊給你的公關公司和經紀公司。你那些話眞是最好聽的宣傳辭令了。」

我感覺到自己心中這個負面想法逐漸擴大，擴大，就在它快要掌控我的時候，我及時收住，大聲往心裡面喊：「取消，取消，謝謝你跟我說這些。」然後把那個討厭的聲音抹掉。

我不敢相信，我，千萬大富翁，竟然因爲荷莉・貝瑞賺那麼多錢而厭惡她。我很快把想法調整回來，用盡最大的力氣大叫：「幹得好，女孩！你太帥了！你太便宜他們了，你應該要三千萬的！你太讚了，那是你應得的。」講完以後，我覺得好過多了。

不管她要那麼多錢的原因是什麼，問題都不在她，而在我。我對這件事的意見根本不會對她的幸福或財富造成任何影響，但是會影響到我的幸福和快樂。另外你也要記住，想法和意見進入你的腦子裡，沒有好壞或對錯的分別，但是等它們進入了你的生活之後，確實可以增強或者削弱你的快樂和成功。

就在我感受到負面能量穿過我的瞬間，我的「觀察」警鈴響了。這是因爲我訓練自己，每當有負面想法進入腦中，就要馬上把它變成中性的能量。有錢人不需要是完美的人，但是當你出現了對自己或他人都沒有好處的想法時，你一定要能察覺，然後很快就轉到比較正面的想法上——隨著你往下讀這本書，這個轉念的過程就會出現得更快而且更容易，而如果你參加了我們的密集課程，你就會獲得戲劇的進展。我知道我不斷在提我的課程，但是請你了解，要不是因爲我看到了它對於別人人生所產生的可觀影響，我不會這樣熱心宣傳它。

我的好友韓森（Mark Victor Hansen）和艾倫（Robert Allen），在他們傑出的作品《一

分鐘億萬富翁》(*One Minute Millionaire*) 一書中，引用了康威爾 (Russell H. Conwell) 在一百年前所寫的《鑽石田》(*Acres of Diamonds*) 書裡一段寓意深遠的故事：

我說你一定要發財，而且這是你的責任。好多虔誠的弟兄告訴我：「你，一個基督教牧師，會花時間走遍各地，建議年輕人發財賺大錢嗎？」是啊，我當然是這麼做的。

他們說：「那樣很不好吧！你爲什麼不傳福音，反而要教人賺錢？」因爲用誠實的方式賺錢就是在傳福音。所以我要教人家賺錢。賺大錢的那個人，可能是他住家附近最誠實的人。

「噢，」不過今晚有個年輕人說：「我從小就聽說，人如果有錢，一定會不老實、不正直、壞心眼而且非常卑劣。」我的朋友，毋怪你會沒有錢哪，因爲你對人抱持那樣的想法。你的信念出於完全錯誤的基礎。讓我說清楚一點……在美國，一百個有錢人（其中包括女性）當中，有九十八個人都是誠實的，而這說明了爲什麼他們能夠有錢，爲什麼別人要把錢交託到他們手上，爲什麼他們能經營大事業，並且找到很多人替他們工作。

另一個年輕人說：「我有時會聽說，有人會用不誠實的方法賺進幾千萬。」當然你會聽說這樣的事，我也聽過。但是這種事情非常罕見，所以報紙才會終日報導，把它當作大新聞，而你最後就以爲所有的有錢人都是用不誠實的方法賺到錢的。

我的朋友，你……開車載我……去費城郊區，爲我引介了在費城市郊擁有自己房子的人，他們的漂亮房子有花園，園裡繁花盛開，富麗宏偉，自成一格；我則會讓你認識本城裡最有品格，事業也最成功的人。……那些擁有自己房子的人，因爲有了房子而成爲更值得尊重、誠實、純眞、率直，也更節儉而細心的人。

我們在講道時教人不要貪婪……所用的辭彙是……「骯髒的財富」，如此極端的說法使得基督徒以爲……任何擁有財富的人都是邪惡的。金錢乃是力量，而你必須有合理的野心才能擁有它！你必須這樣，因爲有了錢能做到的好事遠比沒有錢能做的好事多太多了。你的聖經是花錢印的，教堂是花錢蓋的，有錢才能派牧師到教區來，付他們薪水……所以我說你一定要有錢。如果你能用誠實的方式取得財富……這是神賦予你的職責。很多虔誠的人有一個大錯特錯的態度，以爲人非要很窮很窮才能成爲虔誠的基督徒。

康威爾的文章點出了幾個很棒的重點。首先是「贏得信任的能力」。關於致富的所有重要特質中，能得到別人的信任應該是最重要的一項。想想看，如果你對一個人沒有起碼的信任，你會跟他做生意嗎？不可能！這也就是說，假如你想賺錢，你很可能需要得到很多很多很多人的信任，而且，爲了要讓那麼多人願意信任你，你很可能必須是一個相當值得信賴的人。

一個人想要有錢，而且想維持有錢的狀態，他還需要什麼其他特質呢？當然，任何的規則一定會有例外，但是大致上，若你想在任何事情上成功，那麼你必須變成誰呢？以下這些描述說的是不是你的特質呢？你是：積極正面的，可信賴的，專注的，有決心的，堅持的，努力的，活力十足的，處世圓滑的，能言善道的，略有小聰明的，至少專精於某一個領域的。

康威爾的短文裡另一個有趣的重點是，太多人不假思索就認爲，一個人不可能同時有錢而且良善，不可能有錢同時也有靈性。我以前也這麼想，我跟很多人一樣，聽到朋友、老師、媒體和社會上其他人說，有錢人總之是不好的，他們都很貪心——這種想法到最後被證明只是無稽之談！我根據自己的眞實生活經驗——而不是以前那種從恐懼爲出發的迷思——發現到，我認識的那些非常有錢的人也都是非常好的人。

剛搬來聖地牙哥的時候，我們住的房子位在城裡最富裕的地區。我們很喜歡這個美麗的家和社區，不過我有點不安，因爲我什麼人都不認識，覺得我還沒有適應。我打算保持低調，不要跟那些有錢的勢利眼有太多牽扯。

但是，老天自有安排，當時我的小孩一個五歲一個七歲，他們跟鄰居的小朋友們成了好朋友，所以不久後我就開始開車載孩子們進出那些豪宅，讓他們去找朋友玩。我記得有一次我敲了一道精雕細琢的木門，那道門至少有二十呎高。小孩的媽媽來開門，她用最和善的聲音說：「哈福，看到你眞是太高興了，快進來。」她倒了冰茶並且端一碗水果給我，我覺得有點困惑。

「她想要什麼？」我善於懷疑的心想知道答案。

然後她的先生從外面走進來，他剛才與孩子們在池子裡玩了一陣。他的態度比他太太更和善：「哈福，你搬來這個社區眞是太好了，你們一家今天晚上一定要來參加我們的烤肉會。我們會把你介紹給所有人，而且你不可以說不。對了，你打高爾夫嗎？我明天要去俱樂部打球，你可以來當我的客人嗎？」

到這裡，我已經嚇呆了。我原來以爲會碰到的勢利鬼跑哪去了？我離開後回家告訴我太太，我們晚上要去參加烤肉會。

「噢，老天，」她說：「我要穿什麼呢？」

「甜心，你沒搞懂，」我說：「他們人很好，而且很隨興，你只要做自己就好。」

我們去了。那天晚上我們遇到了幾個我這輩子遇過的最溫暖和善、最慷慨又可愛的人。大家的話題一度談到了一位客人正在籌備的慈善活動，這時，支票簿一本接一本拿出來，我簡直不敢相信，我眞的看到一群人排著隊要捐錢給這個女人。不過每張支票都有一個附帶條件，也就是大家協議好了，這是互惠的活動，這位客人會贊助所有本次捐助者以後所舉辦的慈善活動。是的，在那邊的每個人不是正在籌畫某個慈善活動，就是原本就是某個慈善活動的主要贊助者。

邀請我們前來的朋友也參與了幾個活動。事實上，他們每年都會設定目標，要成為市立兒童醫院基金的最大贊助者，不但自己捐贈大筆數目的錢，每年還會舉辦募款餐會，募集更多的經費。

然後，我們認識了這個「靜脈」醫生，後來也與他們一家成為摯友。他是全世界頂尖的靜脈腫瘤醫師，動一次手術的費用在五千到一萬美元中間，每一天開四到五次刀。

我提到他是因為，每個星期二是他的「免費日」，他會幫城裡無力負擔手術費用的人免費開刀。這一天，他從早上六點開始工作到晚上十點，進行十次手術，完全免費。此外，他還自己籌辦活動，說服其他醫生也在他們自己的社區裡做義診。

這下子，我原先以爲的有錢人都很貪心很勢利眼的這個慣性想法，因爲碰到了眞實狀況而煙消雲散。事情反而與我所以爲的相反。在我的經驗裡，我所認識的有錢人，同時也是好人，是慷慨的人。我不是說沒有錢的人就不好或不慷慨，但是我現在可以很放心地說，以爲有錢人都是壞人，這種觀念根本只是自以爲是的看法。

事實上，憎恨有錢人是最能讓你繼續保持貧窮的方法。人都是習慣的動物，所以，爲了改掉任何一個習慣，都需要練習。我要你練習去欣賞有錢人，練習去祝福有錢人，還要練習去愛有錢人。這樣一來，你在潛意識裡就會知道，等你有錢的時候，別人也會欣賞你，祝福你，和愛你，而不是討厭你到死，就像你現在對待他們的方式。

致富法則：

祝福你所想要的事物。

我的人生哲學之一，來自於古老夏威夷的胡那（Huna）土著的智慧，胡那族裡的長

者有這樣的教誨：祝福你所想要的事物。如果你看到某人有一處漂亮的家，就祝福那人和他的家；你看到某人有一輛好車，祝福那人和那輛車；看到某人有溫暖的家庭，就祝福那人和那個家庭；看到了某個人的身材外形很好，就祝福那個人和他的身材外形。

如果你憎恨別人所擁有的，不管你是用任何方式、態度或形式來表達這份憎恨，那麼你就永遠不可能得到它。

還有：如果你看見一個人坐在敞篷黑色積架跑車裡，不要拿啤酒罐丟它！

提出宣言：請你把手放在你的心上，說：

「我欣賞有錢人！」

「我祝福有錢人！」

「我愛有錢人！」

「我也要變成和他們一樣的有錢人！」

現在，摸著你的頭說：

「這是有錢人的腦袋！」

像有錢人一樣行動

1. 練習夏威夷胡那人的哲學：「祝福你所想要的事物。」開車四處逛一逛，或者買幾本雜誌，看看別人的漂亮房子、可愛車子，然後閱讀幾個成功企業的故事。不論你看到了什麼東西是你想要的，都要祝福它，也祝福那個擁有它的人。
2. 寫一封短信或e-mail，寄給一個在某個領域非常成功的人（你不一定要認識此人，也不必與對方見過面），告訴他們，你多麼崇拜和尊敬他們的成就。

財富檔案7

有錢人與積極的成功人士交往。
窮人與消極的人或不成功的人交往。

成功的人會把其他成功的人當作激勵自己的動力，把其他的成功人士看成學習對象，告訴自己：「如果他們做得到，我也可以。」模仿，是人最主要的學習方式。

有錢人會感謝其他在他們之前就已經成功的人，因爲他們提供了模範供人追隨，讓別人比較容易獲得成功。假如已經有了經過證實爲有效的方法可以達到成功，幾乎任何人採用它都能奏效。爲什麼需要發明新的輪胎？

因此，創造財富的最快速也最省事的辦法，就是去學習那些堪稱理財大師的有錢人如何玩這個致富的遊戲。你的目標是模仿他們內在的策略和外在的策略。這非常合理：

如果你採取同樣的行動，也擁有同樣的思考方式，那麼很有可能會得到相同的結果。我就是這樣做，這也是本書所講的東西。

窮人和有錢人相反，當他們聽到別人成功了，通常會加以評斷，批評、嘲諷，而且想把他們拉到與自己相同的層次。你們身邊有沒有這樣的人？家裡有沒有這樣的人？要知道，你怎麼可能跟一個被你揶揄的對象學到什麼東西呢？怎麼可能從他身上得到激勵呢？

每當別人向我介紹一個非常有錢的人，我就會想辦法製造一個方式去接近他們。我想跟他們談話，學習他們思考，交換聯絡方式，如果我們還有其他共同點，說不定可以跟他們交上朋友。

喔，這裡順帶一提，如果你認為我比較喜歡跟有錢人做朋友的這個行為是不對的，那麼你是認為我應該跟沒錢的人做朋友囉？我可不這麼想！我前面提過了，能量會傳染，我沒有興趣受到負面能量的感染！

我最近在廣播節目中接到一個女子打電話進來，問了一個很棒的問題：「如果我很積極正面，想要成長，但是我先生常常潑我冷水，我該怎麼辦？我要離開他嗎？還是想辦法讓他也改變？」我在訓練課程裡每個星期至少要聽到這問題一百次，幾乎每一個人都會問出一樣的話：「如果我最親密的人不相信自我成長這一套，甚至打擊我追求成長的念頭，怎麼辦？」

我給那位女士的回答，就如同我在課程中的回答。接下來我就告訴你。

首先，不要用力改變那些思想負面而消極的人或者勸他們來上課；那不是你的事。你的責任是，運用你所學到的東西，把自己變好，把你的人生過好。你要當模範，要成功，要快樂，這樣之後也許別人會看見（你內在的）光亮，然後也想要一點那光亮。再說一次，能量是會傳染的，黑暗在光裡面會退去。通常，當四周都是光亮的時候，人們必須非常努力才能繼續待在「黑暗」裡。你的工作就只有一件：活出你最棒的自己，如果他們來向你請教秘訣了，你這時再告訴他們。

其次，要學習一項原則，這是在我們「魔法師訓練」上教的原則。這個課程是關於如何在彰顯你想要的事物的同時，做到保持冷靜，集中精神，內在祥和。這堂課上談到了另一項法則：「事情會發生都是有原因的，那個原因就是爲了要幫助我。」如果你周圍都是消極的人和不好的情況，那麼你確實不容易維持正面思考、保持清醒，但這就是你的考驗！就像鋼在火裡會變硬，如果你周圍充滿了懷疑甚至譴責的聲音，但你還能眞誠面對自己的信念，那麼你就會成長得更快速而且更堅強。

同時還要記住：「事物本身沒有意義，除非我們賦予它意義。」回想本書的第一章討論到，我們通常都會認同父母之中的某一人，或者反叛其中一人或甚至雙親，要看我們是如何「定義」他們的行爲。所以，從現在開始，我要你練習著重新定義別人的負面行爲，把它當作你絕對不要仿效的例子。他們越是消極，你心中就越是要經常響起警告聲提醒自己，像他們那樣活著是多麼難看的事。我可不是建議你去那樣告訴他們，只是要你這樣做。不要責怪他們。因爲一旦你開始論斷、批評、鄙視他們的人和行爲，那麼你也不比他們好多少。

事情也許會變得很糟，如果你實在無法抵擋他們的消極能量，實在是使你跌到了谷底，無法成長，這時候你可能就必須勇敢做出決定，決定自己要變成什麼樣的人，接下來的人生想要怎麼過。我不是建議你去做衝動的事，但是我自己絕不會跟一個非常負面的、老是踐踏我學習慾望和成長慾望的人一起生活，不論我要的是個人的成長、精神上的成長或財務上的成長。我不會那樣對待自己，因爲我尊重我自己和我的人生，而且我值得獲得快樂和成功。世界上有六十三億人，我沒有理由跟一個老是潑我冷水的人綁在一起。如果他們不能跟上來，我就繼續前進！

再說一次，能量是會感染的：你要不是影響別人，就是感染了別人。反過來說，別人若不是用他的能量給了你正面的影響，就是把負面的作用傳染給了你。請問你：如果一個人有很嚴重的痲疹，你會擁抱他嗎？大部分的人會說：「不可能，我才不想被傳染。」嗯，我相信想法負面的人就像是心靈起了疹子，假如你擁抱了他，你不是會發癢而已，而是犯賤；你不會抓癢，而會抓狂；你不會煩躁，而是會沮喪。現在，你真的還想接近那樣的人嗎？

你一定聽過「物以類聚」這句話。你知道，大部分人所賺的錢都在比好朋友的平均收入多二〇％或少二〇％的範圍以內嗎？所以啦，你要小心交朋友，也要小心選擇你打算花時間跟哪些人相處。

根據我自己的經驗，有錢人不是只加入鄉村俱樂部打高爾夫球而已，他們參加俱樂部的目的，是爲了認識其他有錢又成功的人。有句話說：「你懂得哪些事並不重要，重要的是你認識了哪些人。」我覺得你可以把這句話拿去銀行存起來。簡單說吧，「若想與老鷹一起飛翔，就別和鴨子一起游水！」我只跟成功而積極的人來往。

同時，我也很重視把自己從有毒的環境中拔除，因爲我沒有理由讓自己被包括了爭執、八卦和誹謗在內的有毒能量感染，這也包括了「沒大腦」的電視節目。你只能把看電視當作消遣的一種方式，不能把它當成唯一的娛樂。

我看的電視節目通常是體育節目。首先，因爲我喜歡看到各種職業比賽裡的好手。其次，我喜歡聽這些冠軍人士在比賽後接受採訪時所流露的思考方式，對我來說，能在任何一種運動項目中進入大聯盟的選手，都是冠軍。這個層級的運動員都得贏過幾萬個選手才能打進去，所以每一個人都非常了不起。我很喜歡聽他們贏得比賽後這樣說：「這是整個團隊辛苦努力的結果，我們做得不錯，但還是有進步的空間。你可以看到，辛勤努力是會有收獲的。」我也很喜歡聽他們失敗時說的話：「只是一場比賽而已。我們會再回來的。我們會忘記這次失敗，把所有的注意力放在下一場比賽。我們會回來討論哪裡可以做得更好，也會付出一切，贏得勝利。」

在二〇〇四年的奧運會上，加拿大選手，百米障礙賽世界冠軍波蒂塔．費里西恩（Perdita Felicien）被視爲最有希望奪金的選手。但她在最後決賽中撞上了第一道柵欄，跌倒了，沒辦法跑完比賽。她含著淚，坐在場上，十分茫然。爲了這場比賽，她準備了四年，每天六小時，一個禮拜七天。現在竟然發生這種事。

隔天早上我看到她的記者會，她的觀點眞的太驚人了。眞希望當時把它錄了下來。我記得她大致是這樣說的：「我不知道爲什麼會發生這種事，不過它就是發生了，所以我要好好利用它。接下來四年我要更專注，更努力。誰知道，如果我這次贏了，我接下來的人生道路會是怎樣?也許我一點慾望都沒有了。我不知道。不過我知道的是,現在的我比以前更渴望贏得金牌,下次回來時,我會更強壯。」聽到她說這些話,我一直說:「哇!哇!」聽這些冠軍說話,眞的可以學到很多。

有錢人會去找贏家相處,窮人則會跟失敗者攪和。爲什麼?全都是因爲舒服的感覺。有錢的人跟其他成功人士在一起覺得很舒坦,覺得跟他們相處非常值得。窮人跟非常成功的人在一起時很不舒服。他們不是害怕自己被拒絕,就是覺得沒有歸屬感;爲了保護自尊,他們的自我就開始論斷和批評。

如果你想變成有錢人,就必須改變自己的內在藍圖,打從心底相信你自己跟那些大富翁一樣好。

在訓練課程上,我常常非常驚訝別人走過來問我可不可以碰我一下。他們說:「我從來沒有摸過一個億萬富翁。」我通常會禮貌微笑,不過我在心裡會說:「拜託你也去過自己的人生吧!我沒有比你好,也沒有跟你不一樣,你如果不能了解這一點,你就永遠都會這麼窮!」

朋友啊,重點不在於「碰觸」千萬富翁,而是你要開始相信,你跟他們一樣好,一樣值得擁有財富,然後就照這樣去做。我只能建議你:如果你眞的很想觸摸一個千萬富翁，那就把你自己變成千萬富翁吧。

希望你聽到重點了。不要嘲諷有錢人，要把他們當作模範。不要從有錢人面前逃開，要上前認識他們。不要說：「哇，他們好特別。」而要說：「如果他們做得到，我也可以。」然後，如果你想觸摸一個千萬富翁，你就可以摸你自己了！

提出宣言：請你把手放在你的心上，說：

「我把有錢人和成功人士當作模範。」

「我跟有錢和成功的人士往來。」

「如果他們做得到，我也可以！」

現在，摸著你的頭說：

「這是有錢人的腦袋！」

像有錢人一樣行動

1. 去圖書館、書店或到網路上，找一個事業成功的大富翁的傳記來讀。以下幾人是不錯的範例，譬如：卡內基（Andrew Carnegie）、洛克斐勒（John D. Rockefeller）、梅琳・凱（Mary Kay）、川普（Donald Trump）、巴菲特（Warren Buffett）、威爾契（Jack Welch）、比爾・蓋茲（Bill Gates）、泰德・透納（Ted Turner）。在他們的故事裡尋找啓示，學習一些追求成功的策略，最重要的是要模仿他們的思考方式。
2. 參加一個高級的俱樂部，例如網球、健身、商業、高爾夫俱樂部等。在富麗堂皇的環境下與有錢人交誼。如果你負擔不起高檔俱樂部的會費，那麼就在你的城市裡最高級的飯店喝杯咖啡或下午茶，讓自己習慣這種氣氛，觀看四周的顧客，發現到他們跟你沒有什麼不同。
3. 指出你生活中的一個情況，或一個人，是特別帶有負面能量的。把自己從那個情況或關係中移開。如果是家人，就儘量少待在他們身邊。不要再看垃圾節目，也別再看不好的新聞。

財富檔案8

有錢人樂意宣傳自己和自己的價值觀。
窮人把推銷和宣傳看成不好的事。

我的公司「巔峰潛能訓練」開設了十幾種訓練課程。在第一堂課上（通常是密集訓練課程），我們會簡單介紹其他幾個課程，並提供參加者優惠的「到場」學費和其他好處。學員們的反應很有意思。

大部分人會覺得驚喜，會想聽一聽其他課程的內容，並且拿到學費優惠。但是有些人沒這麼高興，他們討厭任何推銷，不管這個東西可能帶給他們什麼好處就是討厭推銷——如果你覺得這有點像你的狀況，那麼你應該好好兒注意一下自己這個特點。

厭惡推銷，是最容易阻礙成功的障礙。對於銷售和宣傳有困難的人，通常都很窮。

原因很簡單。如果你不願意讓別人認識你、你的產品，或者你所提供的服務，那麼你如何爲自己的事業或你所代表的事業創造可觀的收入呢？身爲一個員工，如果你不願意宣傳你的特點，那麼另一個願意自我宣傳的人很快就會超越你在公司的層級。

排斥宣傳或銷售的人通常有以下幾個原因。你很可能會認同其中一個以上的原因。

首先，你過去可能遇過使用不恰當方式向你推銷的人，你覺得他們在「強迫」推銷，或者他們在你不方便的時候一直煩你，或者他們就是不讓你說不。不論如何，你務必了解，這個不愉快的經驗只存在於過去，但是你繼續記著它，對於今天的你沒有任何好處。

其次，你可能因爲曾經嘗試向別人推銷卻被拒絕，因而有受挫的經驗。如果是這情況，那麼你對於推銷的厭惡感，只反應了你對於失敗和拒絕的恐懼。可是你要知道，過去不必等於未來。

第三，你的問題可能來自父母的教導。很多人都聽爸媽說過，「自吹自擂」是沒禮貌的行爲。嗯，假如你是「禮儀大使」，也許就該聽這話。可是，在眞實世界裡，談到了事業和金錢的時候，如果你不能宣傳一下自己，我保證沒有人會幫助你。有錢人會很樂意對每一個願意聆聽而且有希望跟他們做生意的人，宣揚自己的好處和價値。

最後，有些人覺得做宣傳是「不合身分」的動作，我稱這種心態爲「自我膨脹症」，又稱爲「我不獨特嗎？」態度。患有這種症狀的人覺得，如果別人想要你的東西，他們應該自己想辦法找到你。抱持這種觀念的人，若不是很窮，就是很快就要沒錢了。他們可以希望別人到處去搜尋他們的蹤跡，不過，市場上充滿了各種產品和服務，也許他們的產品是最優良的，但是沒有人會知道，因爲他們太高傲了，不願意告訴別人。

有句話你可能很熟：「製作一個好的捕鼠器，全世界都會找到你家來。」嗯，你要再加上幾個字才是眞的：「如果他們知道你有捕鼠器。」

有錢人通常都是優秀的宣傳者，他們可以也願意滿懷熱情來推銷他們的產品、服務和創意。而且他們也很懂得用極富吸引力的方式包裝自己。如果你認爲那樣做是不對的，那麼女生的化妝品都應該禁用，而男人都應該脫下西裝才對，因爲它們明明白白都是「包裝」。

暢銷書《富爸爸，窮爸爸》(*Rich Dad, Poor Dad*) 的作者羅伯特・清崎 (Robert Kiyosaki) 指出，每一種事業，包括寫書，都需要推銷。他說他自己被封爲「暢銷書」作家，而不是「好書」作家。他的收入比另一個身分好太多了。

有錢人通常都是領導者，而所有的領導者都是宣傳者。假如你想當領導者，你必須擁有跟隨者和支持者，也就是說，你必須善於推銷、啓發並鼓舞別人來相信你的觀點。

美國總統也必須不斷把他的想法向大衆，向國會，甚至向他自己的政黨推銷，好讓那些想法得以落實。而他首先要推銷自己，否則他根本不會被選爲總統。

簡言之，任何不能、或不願意推銷的領導者，不可能當太久的領導者，不論是在政治、商業、運動或甚至是家庭。我囉哩囉唆一直在講這一點，這是因爲領導者賺的錢遠遠多於跟隨者！

致富法則：

領導者賺的錢遠遠多於跟隨者！

關鍵不在於你喜不喜歡推銷，而在於你爲什麼要推銷。而這就回到你的信念：你眞心相信你自己擁有價值嗎？你對於你提供的產品眞的有信心嗎？你眞心相信你提供的東西對於你所推銷的人們會有好處嗎？

如果你相信自己有價值，你怎麼可以把它藏起來，不讓其他有需要的人知道呢？假設你有治療關節炎的藥方，而且遇到了爲這個症狀所苦的人，你會把這個藥方藏起來嗎？

你會等那個人有讀心術或是猜中了你剛好有治病的藥方嗎？有人因為太害羞，太害怕，或是太酷而不願意推銷，因此沒有提供受苦的人一個改變的契機，你對於這種人的觀感是什麼？

不願意推銷的人，通常並不眞心相信自己的產品，不眞正相信自己。所以他們很難想像會有人如此深信自己的價值，而想對碰到的每一個人推銷，用盡一切可行的方式。

如果你相信你所能提供的服務眞的可以幫助別人，你就有責任讓更多的人知道它。如此一來，你不僅可以幫助別人，你還可以賺大錢！

提出宣言：請你把手放在你的心上，說：

「我用熱情和熱忱向別人推銷我的價值。」

現在，摸著你的頭說：

「這是有錢人的腦袋！」

像有錢人一樣行動

1. 你認為，你目前提供（或者計畫中）的產品或服務有多少價值？根據你的看法，從一分到十分給它一個分數（一是最低，十是最高）。如果你給了七分到九分，就請修正你的產品或服務，提高它的價值。如果你的結果是六分以下，那麼不要再繼續提供那項產品或服務了，請你去宣傳你眞正相信的東西。
2. 看書，聽錄音帶或CD的有聲書，或者去上一堂行銷與業務的課程。讓自己成為這兩個領域的專家，讓自己專精到可以向別人宣傳你的價值的程度，而且是用百分之一百的誠實態度來做宣傳。

財富檔案9

有錢人大於他們的問題。窮人小於他們的問題。

前面說過，變成有錢人可不是像去公園散步那樣容易的事，而是一場充滿曲折、轉彎和障礙的旅程。通往財富的道路充滿了陷阱和危險，所以大部分人不願意走上這條路，因爲他們不想惹來那些頭痛和責任。總而言之，他們不想要麻煩。

這就產生了有錢人跟窮人最大的分別之一。有錢人和成功人士，大於他們的問題；但是窮人和不成功的人，小於他們的問題。

窮人會想辦法避免麻煩。他們看到一個挑戰就拔腿逃走。諷刺的是，就在他們辛苦追求不要有任何問題的同時，他們給自己製造了最大的問題：貧窮和悲慘。朋友們，成功的秘訣，就是不要逃避問題，不要在問題面前退縮；成功的秘訣就在於你要成長，讓自己大於一切的問題。

致富法則：

成功的秘訣，就是不要逃避問題，不要在問題面前退縮；成功的秘訣就在於你要成長，讓自己大於一切的問題。

在一到十的等級上，一是最低分，十是最高分，假設你是一個位在第二級的個性和態度的人，但是你現在面臨了一個第五級的困難。那麼，你把這個問題看成大問題還是小問題呢？從第二級的觀點來看，第五級的問題可能會是個大問題吧。

現在，想像你已經成長到第八級了，那麼，這個第五級的問題會是大問題還是小問題呢？很神奇的，同樣的一個問題，現在變成小問題了。

最後，想像你非常努力，把自己提升到了第十級，那麼現在，原先那個第五級的問題是大問題還是小問題？答案是：根本不是問題了。你的腦子裡根本不會認爲它是個問題，不會出現負面的能量，你覺得它是家常便飯，就像刷牙或穿衣一樣簡單的小事。

注意，不管你有錢還是沒錢，玩大的或小的，生活中永遠會出現問題。問題永遠不會消失。如果你還在呼吸，生活裡就會出現所謂的問題和障礙。讓我做個簡短而甜美的總結：問題的大小永遠不會是問題；眞正的問題，是你有多大！

聽起來很痛苦，但如果你準備要向上移到另一個成功的等級，那麼你就必須察覺到，在你生命中到底發生了些什麼。

準備好了嗎？開始囉。

如果你的生活裡有一個大問題，這只說明了一件事：你很小！不要被外表騙了，你的外在世界只是你內在世界的反映罷了。如果你想要徹底改變，那就不要再專注於你的問題有多大，而要開始注意你自己有多大！

致富法則：

如果你的生活裡有一個大問題，這只說明了一件事：你很小！

我在課程中提供給學員幾個不太優雅的建議，其中一個是：每當你覺得碰到了大問題的時候，就指著自己大叫：「我好小，我好小，我好小！」這樣一喊，你會馬上把自己叫醒，並把注意力放在它應該放的地方：你自己。然後，從你的「更高自我」（而不是從一個小鼻子小眼睛的、受害者的你）出發，深呼吸一口，決定從此時此刻開始，你要變成一個更大的人，不讓任何問題或阻礙把你的幸福或成功推遠。

你所能處理的問題越大，那麼你所能掌握的事業就越大，所能承擔的責任也越大，你所能帶領的員工、面對的客戶也就越多，而你能處理的錢也就越多，最後，你能掌握的財富當然也就越多。

其次，你的財富成長的幅度只會被你自己成長的幅度限制住！你的目標是讓自己成長到一個層次，足以克服爲了創造財富與維持富有而遇到的所有問題或障礙。

順帶一提，如何守住你的財富完全是另外一回事。但我以前哪知道啊？我以爲只要有了錢就是成功了！老天，我失去第一個百萬美金的速度簡直跟我賺到它的速度一樣快！我可眞是嚇一跳！現在回頭看，我知道問題出在哪裡了。我那時候的「工具箱」不夠大，也不夠強，不足以守住我已經取得的財富。於是，謝天謝地，我採用了這本書提到的多種法則，重新調整自己！我不但把那一百萬美金又賺了回來，而且因爲我採用了新的金錢藍圖，使我多賺了幾百萬。最棒的是，錢不但被我保住了，還不斷以驚人的速率在成長！

把你想像成是你自己財富的容器。如果你的容器很小，但你的錢很多，會發生什麼事？你會留不住那麼多錢。你的容器會滿出來，多餘的錢會灑得滿地都是。你所擁有的錢財不能大於你的容器。所以你必須成長爲更大的容器，才能不只收納更多的財富，同時也吸引更多的財富進來。宇宙很討厭眞空的狀態，所以如果你有一個很大的財富容器，它就會忙著把你的容器塡滿。

有錢人比他們的問題大，原因之一已經在前面談過了。因爲有錢人不會專注在問題上，而會專注在目標上面。其次，你的心靈通常一次只能關注一件最重要的事情，所以，你若不是在抱怨問題，就是在找解決方法。有錢人和成功的人通常都是習慣性就會去解決問題；他們面對了挑戰，就會把時間和精力用來思考對策與尋找答案，並且找出方法不讓問題再出現。

窮人和不成功的人則是問題導向，把時間和精力拿來自暴自棄、怨天尤人，很少發揮創意去減少問題，更談不上想辦法做到不讓問題再發生。

有錢人遇到問題不會退縮，不會逃避，也不會抱怨。有錢人是財務的戰士——在我們的「啓蒙戰士訓練營」中賦予戰士的定義是：「一個戰勝自己的人」。

說到底，如果你能變成一個處理問題和克服障礙的大師，那麼還有什麼東西能夠阻礙你成功呢？沒有！如果什麼都擋不住你，你就所向無敵了！如果你變成所向無敵，那麼你在人生裡能擁有哪些選擇呢？你可以有全部的選擇。因爲你所向無敵，所以一切都隨你取用，你只需要做出選擇，它就是你的！這樣的自由可眞棒哪！

提出宣言：請你把手放在你的心上，說：

「我比任何問題都大。」

「我可以解決任何問題。」

現在，摸著你的頭說：

「這是有錢人的腦袋！」

像有錢人一樣行動

1. 每當你因爲某個「大」問題而心情低落沮喪的時候，就指著自己說：「我很小，我很小！」然後深呼吸，對自己說：「我可以處理。我比任何問題都強大。」

2. 寫下你在生命中遭遇過的一個問題，然後寫下十個你可以採取的行動，它們能解決或至少改善這個情況。這可以幫助你從在腦子裡想著問題，轉移到用行動解決問題。這樣做的好處是，首先，你極可能會解決這個問題。第二，你的感覺會好很多很多。

財富檔案10

有錢人是很棒的接受者。窮人是差勁的接受者。

如果我必須指出多數人無法徹底發揮財務潛力的頭號原因，它是這個：大部分人都是很差的「接受者」，他們也許善於付出、也許不善於付出，但是，他們一定不懂得接受。而就是因為他們很不懂得接受，所以他們接受不到！

人們為什麼會不善於接受？有幾個原因。第一，很多人覺得自己不值得或是不配，這個症狀在我們社會裡十分猖獗，我猜大概百分之九十的人，身上流著的血液讓他們覺得自己不夠好。

這份低度的自我價值認定，是從哪裡產生的？還是老原因：制約。大部分的人，每聽到一次「好」，就要聽二十次的「不好」，每聽到一次「你做對了」，就要聽十次「你做錯了」，每聽一次「你太棒了」，就要聽五次的「你很笨」。

就算你的父母或監護人很支持你，很多人還是會覺得達不到他們的期望、不符合他們的讚賞，覺得自己不夠好。

此外，大部分人的成長過程裡都伴隨著處罰，這條不成文的規定讓我們知道，如果做錯了什麼，就會，或是就應該被處罰。有人曾被父母處罰，有人曾被老師處罰，還有一些人曾經參加某些宗教團體，而被恐嚇會遭受到懲罰中的懲罰：無法上天堂。

長大成人之後，這一切都該結束了吧？錯！對大部分人來說，這個被懲罰的反射心理變得根深蒂固，所以假如沒有人來懲罰他們，他們就在潛意識裡自己懲罰自己。小時候的處罰可能是這樣：「你不乖，所以不給你吃糖。」長大後的處罰則可能變成：「你不好，所以沒有錢。」這可以解釋爲什麼有些人的收入有限，而有些人會在潛意識裡想要毀掉自己的成功。

難怪好多人不懂得如何接受別人給的東西。只不過犯了一個小錯，你就注定要悲慘過一生。「嚴厲了一點。」你會這樣說吧？（咦，從什麼時候開始，你的心靈也變得通邏輯，有同情心了？）前面說過了，被制約的心靈是一個檔案夾，裡面充滿了過去的設定、製造出來的意義，以及戲劇化的悲慘故事，可是「合理」不是它的強項。

我在課程上所教的一個概念，可能會讓你好過一點。那就是，不管你覺得自己值不值得，總之你可以變成有錢人。很多有錢人不覺得自己特別有價值——其實，這一點正是人們想要賺大錢的主要動力之一，因爲人會想對別人證明自己的價值。自我價值與自我淨值成正比，這說法只是一個概念，在實際生活中並不一定能成立。前面談過，想藉著發財來證明自己，可不會讓你成爲快樂的人，所以你最好找其他理由來創造財富。但是我要你了解，你那種認爲自己不值得的感覺，並不會阻止你獲得財富；甚至，假如完全從錢的角度來看的話，這種感覺事實上是激勵你奮發向上的一種資產。

說到這裡，我要你明確聽懂我接下來要說的東西，這可能是你這輩子最重要的幾個時刻之一。你準備好了嗎？

我開始說了。

你要認識到，你有沒有價值的這回事，只不過是一個「故事」。其次，事情本身沒有意義，是我們賦予它意義。我不知道你是怎樣，但是我從來沒聽過誰出生的時候要先通過「蓋章」的程序。你能想像上帝在每一個人出生之前幫他在額頭上蓋章嗎？「這個有價值，這個沒價值……這個有一點價值，這個有不少價值……嗯，這個完全沒有價值。」

抱歉，我不認爲事情是這樣的。沒有人會爲你蓋上「有價值」或「沒有價值」的記號，而是你自己蓋上去的，是你編造出來的故事，是你自己決定了你自己有沒有價值。完全是你個人的觀點。如果你說你有價值，你就有價值；如果你說你沒有價值，那麼你就沒有。然後你就會依照你的故事版本而活。

這一點非常重要，我要再說一次：你會依照你自己的故事而活。事情就這麼簡單。

致富法則：

如果你說你有價值，你就有價值。如果你說你沒有價值，那麼你就沒有。然後你就會依照你的故事版本而活。

人爲什麼要這樣對待自己呢？爲什麼要編出那些故事，說自己沒有價值呢？其實這些都是人心的本質。我們總是爲了想保護自己，而一直在找到底哪裡出了錯。你有沒有發現，松鼠從來不擔心這些事情？你能想像松鼠說「我今年才不要收集很多堅果過冬，因爲我沒有價值」，有這種事嗎？不會吧，因爲像松鼠這種智商等級的生物從來不會這樣對待自己。地球上只有高度進化的動物，也就是人類，才有能力像這樣子限制自己。

我自己發明了一句名言：「如果一株百呎高的橡樹擁有和人類一樣的心靈，那麼它頂多只能長到十呎。」所以我要建議你：改變你的故事，比改變你的價值容易多了；與其想著如何改變自己的價值，還不如改變你自己的故事。這樣更快而且更不花錢。你只要編一個新的、更能鼓勵你自己的故事，再照那樣去活，就行了。

致富法則：

如果一株百呎高的橡樹擁有和人類一樣的心靈，那麼它頂多只能長到十呎。

「可是我不能那麼做。」你說：「我沒有資格決定我自己是不是有價值。那應該由別人來決定。」我會說，這樣講不太對——嗯，我只是用比較禮貌的方法說你「胡說八道」！任何人說什麼，或過去曾經說過什麼，完全不重要；因爲，是你相信了它，完全被它說服了，它才可能對你起作用，而且從頭到尾都是你自己在做決定。

爲了讓你好過一點，我們來玩一個遊戲，我會爲像我在密集訓練班上對幾千位學員做的事一樣，親自爲你加持。

這是一場特別的典禮，我要求你排除一切會讓你分心的事情，不要吃東西，不要講電話，把手上正做的事放下。先生，如果你想，你可以改換西裝打領帶，穿上燕尾服更好。女士，一件正式的晚禮服配高跟鞋會很完美。如果你沒有高貴的或簇新的行頭，正好可以趁此機會爲自己挑件全新的洋裝，最好是設計師品牌。

準備妥當後，我們就開始了。請你單膝跪下，充滿敬意地低下頭。

好了嗎？要來囉。

「以我內在所賦予的力量，我在此爲你加持爲『具有價值』，從此刻直到永遠！」

好了，完成了。

你現在可以站起來，抬頭挺胸，因爲你終於是有價值的人了。

我還要給你一些明智的忠告：不要再相信有價值沒價值那一套無稽之談了，開始採取必要的行動，讓自己成功致富吧！

還有第二個原因可以解釋爲什麼人們沒有能力接受。他們是被一句格言收買了：「施比受更有福」。讓我們對著這句話儘可能優雅地說出：「少來！」這句話簡直是垃圾。不知道你發現了沒有，會到處宣講「施比受更有福」這句話的，通常是那些想要你付出而由他們回收的人或團體。

這個觀念根本就是錯的。哪一個比較好？熱還是冷？大還是小？左還是右？付出和給予本來就是一個硬幣的兩面，說付出勝於收下的人，基本上他的算數不太好。凡是出現一個給予者，就有一個接受者；而每一個接受者的對面都是一個給予者。

致富法則：

凡是出現一個給予者，就有一個接受者；而每一個接受者的對面都是一個給予者。

如果沒有接受者、沒有東西可以給出去，那麼該如何給予？這兩者必須維持平衡，才能一對一，各擔一半。而既然給予和接受永遠是平等的兩回事，那麼兩者的重要性也必須是相當的。

此外，付出的感受是如何？大部分人都會同意，付出會讓人覺得很滿足。反過來，假如你想要給予，但對方不願意接受，這時的感覺如何？大部分人會說，感覺很糟。所以要知道：如果你不願意接受，那麼你就「剝奪」了那些想要給予你的人的感受。

你事實上剝奪了他們藉由付出而能得到的喜悅和快樂。所以他們會感覺很糟。爲什麼？又是因爲能量的關係。當你想要付出卻無法如願，你的這份能量無法表達，於是卡在你身上，那份「卡住」的能量會轉變成負面的情緒。

更糟的是，當你不是完全心甘情願接受的時候，你就是在訓練宇宙，要它別再給你東西！這道理很簡單：如果你不願意接受你應得的那一份，那麼它就會跑到別人那裡去。這就是爲什麼富者會越富，貧者會越貧。不是因爲有錢人比較有價值，而是因爲他們願意接受，但是大部分的窮人不願意接受。

這個道理，是有一次我獨自到森林裡露營的時候學到的教訓。那次，我打算在森林裡待兩天，於是我製作了一間「小屋」。我把一塊帆布的上端綁在樹身，再把它的底部固定在地面，做出了一個從我頭上往下傾斜四十五度角的屋頂，這樣我就可以睡在這塊帆布圍出來的空間裡面。幸好我準備了這個迷你住處，因爲下了一夜的雨。隔天早上我從小屋裡出來，發現我身上和帆布底下都很乾燥。不過，我也發現了帆布底下有一個很深的水窪。我突然聽到心中冒出一個聲音說：「大自然非常豐富滿盈，並且一視同仁。下雨了，雨水一定得有去處，如果某地方是乾的，另外一處就一定加倍潮濕。」我站在水窪邊，頓時明白，這也是金錢的道理。我們四周的錢太多了，幾兆幾兆的錢在流動，實在夠豐裕的了，而且它一定必須流向某個地方。所以：如果有人不願意拿他那一份，那麼錢就會跑到願意拿的人手上。雨水不在乎落到誰身上，錢也一樣。

我在課程裡講到了這個故事之後，接下來會把我在樹屋經驗結束後所創出的特別禱告教給學員。這段禱告有點滑頭，不過我的用意很清楚。禱告是這麼說的：「宇宙啊，如果有人即將得到什麼好東西，但是他們不願意拿的話，請把它送給我！我完全開放而且樂意接受你贈與的所有祝福。謝謝你。」我讓所有學員和我一起說出這個禱告，他們簡直樂瘋了，好興奮，能夠全心全意願意接受東西的感覺實在太好了，而且，這樣做實在是非常自然的事。

那些你自己編造出來的、說自己不值得的說法——我再說一次，它們都只是「故事」，對你沒有一絲好處。讓你的故事走吧，讓你的錢朝你而來吧。

有錢人努力工作，並且深信，他們因爲自己的努力和所提供給別人的價值而得到好的報償，是完全合理的事。窮人也努力工作，但是因爲他們自認爲不值得，所以相信他們的努力和所提供給別人的價值沒有理由得到好的報償。這個信念使得他們落入了陷阱，成爲了絕佳的受害者。當然，如果你得到了良好的報酬，你怎麼可能會是個「好」的受害者呢？

很多人眞的相信，自己因爲比較窮所以是比較好的人。不知爲什麼他們相信自己比較虔誠，比較具有靈性，比較善良。胡說八道！窮就是窮，什麼都不是！課程上，曾經有一位男士哭著來找我。他說：「我就是沒辦法看到自己有那麼多錢，而別人什麼都沒有。」

我問了他幾個問題：「你成爲窮人中的一個，這樣對他們有什麼幫助？你一文不值，可以幫助誰？還不就只是又一張等著吃飯的嘴嗎？如果你可以爲自己創造財富，然後可以站在一個有力的位置去眞正幫助其他的人，這樣不是比較有效率嗎？」

這下他停止哭泣了：「我終於懂了。我眞不敢相信，我以前會有那些垃圾想法。我現在相信，我就要富有了，而且，一路上我還要幫助其他的人。謝謝你。」他回到座位上，簡直是改頭換面了。不久前我接到他的e-mail，說他現在的收入是以前的十倍，而且他感覺棒透了。他說，最棒的是，他可以幫助一些日子過得很苦的朋友，眞是太棒了。

這讓我想到一個重點：如果你有辦法賺到很多錢，就去賺吧。爲什麼？因爲，我們有幸生活在美國，在這裡的人與世上其他地方的人比起來，其實都算是有錢人了。有人從來沒機會擁有很多的錢。如果你也是一個有能力賺錢的幸運兒，我想你們一定都是幸運兒，否則你不會現在讀著這樣一本書。那麼，就把你的能耐完全施展出來吧。你要變成眞正的富有，然後去幫助沒有機會像你這樣成功的人。

當然，有人會說：「錢會改變我。我萬一有錢了，可能會變成某種有錢的渾蛋。」對於這種論調，我要說，首先，只有窮人會說這種話，而這個論調只是他們預先爲失敗尋找藉口的說辭，是他們的財務花園裡衆多心靈「雜草」的一小株。不要相信！

其次，讓我把重點釐清。金錢只會讓你現有的自己更加擴大。如果你很壞，那麼錢會給你機會變更壞。如果你很善良，那麼錢會給你機會變得更善良。如果你內心是個王八蛋，那麼你有了錢之後就會變成王十八蛋。（我知道沒有這種說法，不過如果你眞的是個渾蛋，你就會有辦法變成那樣子。）如果你很慷慨，更多的錢只會讓你變得更慷慨。如果誰告訴你相反的話，那他一定很窮！

致富法則：

金錢只會讓你現有的自己更加擴大。

那麼現在要做什麼呢？你要如何變成一個很棒的接受者呢？

第一，開始提供養分給你自己。記住，人是習慣的動物，所以你必須出於自覺、很清醒地練習接受生命所給你的一切。

在我們的密集訓練課程裡，設計了一個金錢管理的核心觀念，就是使用一個「玩樂」帳戶，裡面放一筆錢用來花在那些可以給你養分，讓你「感覺像個千萬富翁」的事物上。設立這個帳戶的用意，是要幫助你確認你是有價值的，並且強化你用來接受事物的「肌肉」。

第二，我要你練習，每一次發現了錢或收到了錢的時候，就要用興奮和感激的態度讓自己發瘋一下。說來好笑，我沒錢的時候，如果看到地上有銅板，我絕不會彎下腰把它撿起。但是現在我有錢了，只要發現地上有什麼東西看起來像是錢，我都會把它撿起來，然後爲了自己的幸運而親吻它，再大聲說：「我是金錢吸鐵。謝謝，謝謝，謝謝。」

我不會批評銅板不值錢。錢就是錢，發現了錢，就是宇宙給我的祝福。現在的我，樂於接受上天要給我的一切東西。我說眞的！

如果你想要創造財富的話，務必保持開放而願意接受的態度。這態度對於守住財富也同樣重要。如果你是個差勁的接受者，剛巧得到一筆可觀的錢財，那麼很可能不用過多久錢就會不見。

再強調一次，「內在先於外在」。首先要擴大你的接收「箱」，然後看著錢進來裝滿它。其次，宇宙厭惡眞空。任何一個閒置的空間一定會被塡滿。一個空櫃子或空車庫會發生什麼事？它通常不會空太久，對不對？你有沒有注意過，很奇怪，完成一件任務的時間永遠會等於你給它的時間？一旦你擴大了接受的能力，你就會知道我在說什麼。

而且，一旦你變得眞正開放，懂得接受，那麼你生活中的其他部分也會跟著開放。你不僅會得到更多金錢，你還會得到更多愛，更多平靜，更多幸福，以及更多的滿足感。爲什麼？因爲，「你做一件事情的方式，就是你做所有事情的方式。」這是另一個我也很常掛在嘴上的道理。

致富法則：

你做一件事情的方式，就是你做所有事情的方式。

你在某一方面的表現，通常就是你在所有方面的表現。如果你一直在阻擋自己接受金錢，很可能你也一直在阻擋自己接受生命中其他的好事。人的心靈通常不會特別區分

你在哪個特定方面是差勁的接受者。事實正好相反，我們心靈的習慣是把一切都變成通則，它會說：「它是這樣，就是這樣，到哪裡都是這樣，永遠都是這樣。」

如果你是個差勁的接受者，那麼你在每一方面都是很差勁的接受者。但，好消息是，等你變成了很棒的接受者，那麼你在任何一方面都會是很棒的接受者，可以開放接受宇宙要給你的一切，人生中各個方面的祝福。

現在你只要記住一件事，就是要不斷說「謝謝」，收到了任何的祝福，都要說謝謝。

提出宣言：請你把手放在你的心上，說：

「我是很棒的接受者。我很開放，而且樂意接受很多很多的錢進入我生命中。」

現在，摸著你的頭說：

「這是有錢人的腦袋！」

像有錢人一樣行動

1. 練習當一個很棒的接受者。凡是有人給你讚美，只要對對方說「謝謝」，不要馬上就回贈一個讚美。這個練習可以讓你完全接受讚美並擁有這個讚美，而不是去「折射」它。這個練習也能讓讚美者感受到送出禮物而禮物沒有被丟回來的喜悅。

2. 任何一筆錢，我說，任何一筆錢，只要是你發現了或接受了，你都應該歡天喜地慶祝，放聲大叫：「我是一塊金錢吸鐵。謝謝，謝謝，謝謝。」這練習適用於任何收到錢的時候，包括撿到錢，收到禮金，政府退回的稅，領到薪水，做生意的營收。記住，宇宙是要來幫助你的。如果你繼續大聲向世界說你是一塊金錢吸鐵，特別是你有證據可以證明這一點的時候，那麼宇宙只會說「好」，然後繼續送你更多。

3. 寵愛你自己。至少一個月做一件能讓你的身體或心靈得到養分的事。做個按摩，修個手指甲或腳指甲，讓自己吃一頓奢侈的飯，租一艘船或渡假小屋，請人把早餐送到你的床上。(你也許要跟朋友或家人打個商量。) 做些能讓你覺得有錢、有價值的事。你從這些體驗中所傳送出來的頻率，會送一個訊息到宇宙中，表示你活得很豐裕，而且，宇宙只會做它自己的工作，對你說「好」，然後給你機會，讓你得到更多。

財富檔案11

有錢人選擇根據結果拿酬勞。
窮人選擇根據時間拿酬勞。

不曉得你是否聽過這些忠告：「去上學，拿好成績，找個好工作，領一份穩定的薪水，準時上班，努力工作。你就會幸福快樂。」我不知道你聽了覺得怎樣，不過我很想要看到這些話的保證書。不巧，這些明智的建議取自童話故事第一冊。

我不想花力氣去顛覆那些話，請你根據自己的經驗和你週遭所有人的經驗自己做判斷。我現在要討論的是，關於「穩定的」薪水這個概念背後的迷思。擁有穩定的薪水沒什麼不對，除非它阻礙了你用自己的能力賺取你所值得的金錢——問題是，「穩定的薪水」這概念往往就會阻礙你賺更多錢。

致富法則：

擁有穩定的薪水沒什麼不對，除非它阻礙了你用自己的能力賺取你所值得的金錢——問題是，「穩定的薪水」這概念往往就會阻礙你賺更多錢。

窮人喜歡拿固定的月薪或是時薪。他們需要知道，每個月在固定的時間，有一筆固定的金額會進帳，月復一月，藉此得到安全感。但他們不知道自己要爲這份安全感付出代價，那個代價就是財富。

根據安全感而活，就是立基於恐懼而活。你其實眞正在說的是：「我很怕，根據我的表現，我可能會賺得不夠，所以我只要賺足生活所需或過得舒服就夠了。」

有錢人則喜歡根據他們產出的結果來獲得報酬，就算無法完全照這樣來做，至少做到一部分。有錢人通常會在某種形式上擁有自己的事業，從利潤中賺得自己的收入。有錢人的酬勞是權利金或獲利百分比，他們選擇股票盈餘和利潤分享，而不是較高的薪水。注意，以上所提的收入並不附上保證書。就像前面說過的，在財富的世界裡，回收通常與風險成正比。

有錢人相信自己，相信自己的價值，也相信自己有能力發揮價值。窮人不是這樣，所以他們需要「保證書」。

最近我遇到一個公關顧問，她要我每個月付她四千美金的薪水。我問她，給她這些錢能讓我回收什麼，她說至少每個月會看到相當於兩萬美金的媒體報導。我說：「要是你沒有達到這些成果或接近的數字呢？」她回答她還是會付出相同的時間，所以她應該得到報酬。

我回答：「我沒有興趣付錢買你的時間，我想要的是爲了特定的成果來支付你酬勞，如果你無法產生結果，我爲什麼要付你薪水？再說，如果你能產生更好的結果，你就應該拿更高的酬勞。我們這樣吧：我會根據你所創造出來的媒體價值，付你那個數字的百分之五十。根據你剛才給我的數字，你每個月可以拿到一萬美金，比你要求的多兩倍以上。」

她有沒有買帳呢？沒有！她很窮嗎？沒錯！而且她後半輩子都會很窮，除非哪天她弄清楚，想要賺大錢，就要根據自己創造的結果拿酬勞。

窮人用自己的時間換取金錢。這種做法有一個大問題，因爲你的時間是有限的。換句話說，你必然會違反致富法則第一條：「不要爲你的收入設定上限。」如果你選擇要根據你所付出的時間拿酬勞，那麼你無疑是在抹煞自己獲得財富的機會。

致富法則：

永遠不要爲你的收入設定上限。

這個原則也適用於個人服務業，在這些行業裡，一樣是依據付出的時間獲得酬勞。這就是爲什麼，那些還沒有成爲事務所合夥人因此無法分享營業利潤的律師、會計師和顧問，頂多只能過一般的生活。

假設你在生產鋼筆的產業工作，你拿到了一張五萬枝筆的訂單，這時你會怎麼做？你會打電話給供應商，訂五萬隻筆，把貨送出，然後滿心歡喜計算你的獲利。但假設你是按摩治療師，而且你很幸運，有五萬個人在你門口排隊等待你的服務，你會怎麼做？你會因爲沒有跳槽到筆業而想自殺。你還能怎麼辦？去跟排在隊伍最後面的那個人說，你可能會「晚一點」服務到他，大概是四十年後某星期二的下午三點十五分！

我不是在說個人服務業有什麼不對，只是說，從事服務業不要期待你會很快發財，除非你想出辦法爲自己製造分身，或者使用槓桿原理來運用自己的時間與精力。

在我的課程上，常遇到領固定薪水的人向我抱怨他們的薪水不及他們的價值。我都這樣回答：「是從誰的觀點來看的？我確定你的老闆認爲你的酬勞很合理。爲什麼你不離開領死薪水的工作，要求完全以你的工作表現給予報酬？如果那樣不可行，爲什麼不替你自己工作？那樣你就會知道，你所賺到的數目就是你所值得的。」不知爲何，我這個建議似乎無法平撫這些人，他們顯然很害怕在市場上測試自己「眞正的」價值。

大部分人會害怕以工作成果來支付薪水，通常是出於一種害怕打破現狀的心理。在我的經驗裡，困在拿固定薪水的模式裡面的人，都是被過去的說法制約，認爲依照工作領薪水是「正常」的方式。

你不能責怪你的父母（如果你實在是很棒的受害者，你還是可以怪他們），大部分的爸爸媽媽都過度保護孩子，所以希望孩子將來能過穩定的生活。這是非常自然的事。你可能也已經發現，任何無法提供穩定收入的工作通常都會招致父母說出這句話：「你什麼時候才要找一個眞正的工作啊？」

我父母問我這個問題的時候，感謝老天爺，我的回答是：「我希望永遠不要。」我媽聽了簡直快要崩潰。但是我爸爸說：「你眞棒。如果你只是替別人工作，領薪水，那麼你永遠不會有錢。如果你要找工作，那麼就要確定你拿的是百分比的酬勞。否則，就自己當老闆！」

我也鼓勵你當自己的「老闆」。自己創業，拿佣金工作，拿固定比例的紅利或公司收益，或是認股。不論是什麼，總之要創造一個情形，讓你可以根據成果來獲得酬勞。

我個人相信，每一個人都應該擁有自己的事業，不管是專職或是兼職。第一個理由是，到目前爲止，絕大部分的千萬富翁都是因爲有自己的事業才發財的。

第二，在要繳那麼多稅的情況下，想要創造財富實在是非常困難的事。當你有了自己的事業，你可以扣除一部分開銷，例如買車、旅遊、教育和甚至購買自宅的費用，而省下一筆爲數不小的稅款。爲了這個理由，就值得你去擁有自己的事業。

如果你沒有一個優秀的創業構想，也不用擔心：你可以借用別人的構想。譬如，你可以成爲佣金制的業務員。銷售是全世界酬勞最高的職業之一，如果你在這方面眞的很行，你可以賺一大筆。其次，你可以加入傳銷公司。現在有幾十個很棒的傳銷公司，他們有各種產品和銷售系統可供你馬上展開。只要花一點錢，你就可以變成配送者，並擁有一種最不受行政體系干擾的事業。

如果你聽了覺得有共鳴，那麼傳銷可以是創造財富的強力工具。但是——這是一個很大的但是——你別以為自己不必花力氣。傳銷工作必須靠你親自去做才會有效；它必須靠訓練、付出時間和精力才能成功。但是，如果你眞的去做了，每個月的收入大概在兩萬到五萬美金中間——沒錯，這是一個月的收入，而這情況並不罕見。總之，你只要加入兼職行銷商，就會有一些賦稅上的好處。誰知道？也許你很喜歡這個產品，想把產品介紹給別人，最後還會大賺一筆。

另一項選擇，是把你的「工作」換成「合約」式的職務。如果你的老闆願意，他可能會雇用你的公司，而不是你，去執行你現在做的業務。這方法也需要符合某些法律上的要求，不過大致而言，如果你增加一到兩個下線，甚至只是兼職性質的人員，你都可以享有事業經營者的待遇而非員工的酬勞，並擁有業主的賦稅優惠。搞不好你那些兼職的下線會變成全職，讓你有機會大幅提升自己的實力，可以雇用更多人去做所有工作，到最後你就會擁有屬於自己的事業。

你可能會想：「我的老闆可能不會贊成。」這個我可不確定。你要知道，公司養一個員工不但要付他薪水，還要付勞健保的錢，外加福利金之類的支出。假如你是以獨立的顧問公司的方式與公司合作，你可以為他們省下不少錢。當然，你可能拿不到全職員工所有的福利，但是光你省下的稅款就足夠你去買自己最需要的頂級享受了。

說到底，想要賺取你真正的價值所值的錢，就要根據你的表現結果來獲得酬勞。

再說一次，我爸的話最有道理：「如果你只是替別人工作，領薪水，那麼你永遠不會有錢。如果你要找工作，那麼就要確定你拿的是百分比的酬勞。否則，就自己當老闆！」

提出宣言：把手放在你的心上，說：

「我要根據我的表現結果來獲得酬勞。」

現在，摸著你的頭說：

「這是有錢人的腦袋！」

親愛的哈福：

我不知如何表達我的感謝。我太太的一個朋友把你介紹給我們。當時我的年薪剛剛被減了一萬美元，我們手足無措，急著尋找解決方案，因爲減薪之後的收入實在不夠支應生活所需。

在你的密集訓練課程裡，我們學到可以幫助我們創造財務自由的工具。我們開始應用了那些工具之後，奇蹟就出現了。過了一年我們就買了五間房子，每一間的利潤至少都有兩萬美金，第五間甚至讓我們獲利三十萬美金，比我先前的年收入高六倍！於是我辭掉我做了十四年的工作，成爲一個全職的房地產投資者，而有時間陪伴我的家人和朋友。

你這套訓練我們思考的教學法，是我們獲得成功的關鍵。我迫切盼望未來的一切。眞希望我二十幾歲的時候就學會這些。

謝謝你。

希恩·尼塔，於華盛頓州西雅圖市

像有錢人一樣行動

1. 如果你現在有一份領取鐘點費的工資或是在領月薪，請向你的雇主建議一個方式，讓你至少有一部分的酬勞是依照你的工作成果以及公司的營運成果來受薪。

   如果你擁有自己的事業，請設計一個制度，讓你的員工，甚至主要供應商，可以根據個人的表現與公司的表來現獲得報酬。

   立刻將這個計畫付諸實行。

2. 如果你現在的工作並沒有根據你的表現來付你薪水，請你考慮自己當老闆。你可以先從兼職開始，譬如先加入一個傳銷公司，或是當某種教練或老師，把你的所學與知識教給別人。或者，你可以向你的公司提供獨立的顧問服務，但是要依你的表現和成果接受酬勞，而不是依照工作時間。

財富檔案12

有錢人想著：「如何兩個都要？」
窮人想著：「如何二選一？」

有錢人居住在富足的世界，窮人則住在處處受限的世界。這兩種人當然都存在於同一個物理世界裡，不同之處在於他們的觀點。窮人和大部分的中間階層是從「匱乏」的角度看世界。他們依循「可供分配的資源有限，永遠都不夠，你不可能擁有一切」等等的說法過活。雖然你無法擁有全世界的所有東西，但是我眞的認爲，你可以擁有「你眞正**想要**的一切」。

你想要成功的事業，還是親密的家庭關係？兩個都要！你要專注於事業，還是開心玩樂？兩個都要！你在生命中要的是財富，還是意義？兩個都要！你想要賺一大筆錢，還是做你喜愛的工作？兩個都要！窮人只會選擇其中之一，然而有錢人想兩者通吃。

有錢人知道，只要一點創意，就可以想辦法擁有兩個世界裡最好的部分。所以，從現在開始，每當你面臨一個非此即彼的選擇時，就問自己一個非常重要的問題：「我如何兩個都得到？」這個問題會改變你的人生，會把你帶離匱乏和限制的模式，進入一個充滿機會的豐裕世界。

這不只是與你想要的個別物件有關，也和人生所有的面向有關。

舉例來說，假設我要處理一個不高興的供應商，他認爲我的公司應該付給他們某些事先沒有講好的費用。我會覺得，預估成本是他的工作，不是我的，如果他花了更高的預算，那麼他必須自己應付這個狀況。我會非常樂意下次合作時擬定新的合約，但是我會很堅持要遵守先前講好的合約。如果是發生在我「沒錢」的時候，我會跟他認眞談，設法表達我在乎的重點，確定我不需要再付合約以外的任何一毛錢。而且，就算我很想繼續和這個供應商合作，但是最後可能還是會導致激烈的爭執，而我會認爲，不是他贏就是我贏。

但是現在，因爲我已經鍛鍊出「兩個都要」的思考方式，所以在這個討論中，我會完全開放，試圖創造一個有利的情況讓我不需要再付任何錢，而他也能對我們的協議感到開心。換句話說，我的目標是雙贏！

再舉一個例子。幾個月前，我決定在亞利桑那州買一間渡假屋，我查過了我感興趣的那個地區，所有不動產經紀人都告訴我，如果我想在那個地區買一棟三臥房加一書房的房子，一定會超過一百萬美金。我原先的預算就是一百萬，遇到這種情況，大部分人不是降低原先設定的期望就是提高預算。可是，我兩個都要。於是我最近接到一個屋主的電話，他的房子就位在我想要的地區，房間數也是我想要的，而他們的價錢低於一百萬美金。我的「兩者通吃」式思考又幫了我一次忙。

我最後要說的例子是，我一直告訴我爸媽，我不想被自己不喜歡的工作奴役，而且我會「用我喜歡做的事賺大錢」。他們的反應通常是：「你活在夢想世界裡。人生可不是一碗櫻桃。」他們說：「生意歸生意，玩樂歸玩樂。你要先賺到溫飽，然後，如果還有時間的話，你再去享受人生。」

我記得我心裡想：「嗯，如果我聽他們的，我最後就會跟他們一樣。不行，我兩個都要。」這樣做很難嗎？一定的。有時候，我必須做我很討厭的工作一兩個禮拜，我才有錢吃飯付房租。不過我想要「兩個都要」的念頭從來沒有動搖過。我也從來沒有長期待在一個我不喜歡的工作或行業裡。最後，我真的做著自己喜愛的事業，也因此致富了，所以我知道這是可能的，現在我還是繼續追求我喜歡的工作和計畫。最棒的一點是，我現在有資格教別人如何做到我所做的事。

談到金錢，沒有什麼比「兩個都要」的想法更重要了。窮人和許多小康階層的人相信，在金錢和人生的其他方面之間，只能選擇其中一個，因此他們把一種立場合理化，口口聲聲說金錢不比其他事物重要。

讓我們釐清一個觀念吧。錢太重要了！說它並沒有像生活中其他方面的事物一樣重要，簡直胡說八道。

錢是潤滑劑，它讓你可以「滑順」過生活而不是「緊繃」過生活。錢帶給你自由：想買什麼就買什麼，用自己的時間做想做的事。金錢可以讓你享受生活中的美好事物，也給你機會幫助別人滿足生活所需。最重要的是，有錢可以讓你不必浪費精力擔憂自己沒有錢。

快樂也很重要——再指出一次窮人和小康階層與有錢人的思惟差別。很多人相信錢和快樂是互相排斥的，有錢就不會快樂，想快樂就不能有錢。這種想法只是「貧窮」的制約。

在各方面都很富有的人知道，你必須兩個都要，就像你必須有手臂也有腳，你也必須有錢又有快樂。

魚與熊掌你可以兼得。

這就是有錢人、小康階層和窮人的最大差異。

有錢人相信：「魚與熊掌可以兼得。」

小康階層認爲：「熊掌太貴了，所以我吃一小片就好。」

窮人說自己吃不起熊掌，所以他們吃雞肉，但又惦記著自己吃不起熊掌的事，滿心疑惑爲什麼自己「什麼都沒有」。

致富法則：

有錢人相信：「魚與熊掌可以兼得。」

小康階層認爲：「熊掌太貴了，所以我吃一小片就好。」

窮人說自己吃不起熊掌，所以他們吃雞肉，但又惦記著自己吃不起熊掌的事，滿心疑惑爲什麼自己「什麼都沒有」。

我問你，如果你不能吃熊掌，那麼把熊掌買來對你有什麼用處？你到底該怎麼處理它？把它掛起來欣賞嗎？熊掌是給人吃的，拿來享受的。

二選一的思考方式，也使得人們相信，「如果我擁有多一點，就會有人少得到一點」，因而形成阻礙。但是這想法也只是出於恐懼心理，是一種自己打敗自己的思考模式。

認為全世界的有錢人擁有了全部的錢，然後不知用什麼手法把錢私藏起來，不讓其他人分享，這種想法實在太誇張了。首先，這想法假定了金錢的供應量是有限的。我不是經濟學家，但是就我所見，每天都有人在印鈔票，多少年來，錢的供應量與實際的資產都毫無關係。所以就算有錢人今天擁有了全部的錢，明天還是會有無數的錢可以流通。

有這種狹窄思考的人所不了解的還有一件事，就是同樣的錢可以重複使用，為每一個人創造價值。

我要說一個訓練課上的例子。我請五個人帶一樣東西上台來。我請他們站成一個圓圈，然後把一張面額五元美金的鈔票給第一個人，要他向第二個人買一樣東西。假設他買的是筆，那麼現在第一人就有一枝筆，第二人就有五元鈔票。現在，第二人用那張五元紙鈔，假設向第三個人買了一個筆記板，然後第三人用同一張鈔票向第四個人買一本筆記簿。我希望你能想像那個畫面。同樣一張五元鈔票經過了五個不同的人，為每一個人都創造了五元的價值，而對這一群人總共創造了二十五元的價值；那一張五元鈔票並沒有因爲流通、爲每個人創造出價值而就耗盡了它的價值。

這個道理很明顯。第一，錢的價值不會耗盡；幾千幾萬人可以年復一年一再使用同樣的錢，它的價值也不會耗光。第二，你擁有越多的錢，你有能力放進那個流通循環的錢也越多，這表示別人就會有更多錢去交換更高的價值。

這一點正好與二擇一的思考方式相反。當你有錢而且使用它的時候，你和與你一起花錢的人都享受到了這個價值。講白一點，如果你這麼擔心別人沒有錢，想確定他們都得到應得的那一份（講的一副大家共有財富的樣子），那麼你就想辦法變成有錢人，讓你自己可以散播更多的錢。

如果我能有任何可以作爲模範的東西，我想應該就是讓你看到一個例子：你可以是一個善良、友愛、關懷、慷慨又具有靈魂深度的人，而同時還有錢的不得了。我大力建議你，趕緊排除掉「金錢有害」的這個迷思，也別認爲你發財之後就會變得沒那麼「好」或「純潔」。因爲這個想法完全是「鬼扯」，而且如果你繼續吸收它，你就會變肥，而且是又肥又窮。嘿，這是兩者通吃的另外一個例子。嘻嘻。

朋友們，你的錢包裡有沒有錢，跟你是不是善良、慷慨、有愛心沒有關係；這些特質來自於你心裡裝了什麼東西。成爲純潔又有心靈深度的人，與你的銀行存款數字完全無關；這些特質來自你的靈魂有哪些內容。認爲錢會讓你變好或變壞，也是一種「二選一」的想法，它只是一種「被制約的垃圾」，對你的幸福和成功毫無幫助——對你周圍的人也沒有幫助，對孩子們尤其沒有幫助。如果你那麼堅持要當一個好人，那麼就行行「好」，別讓你那些不小心接收下來的有害信念影響了下一代。

如果你眞的想要過一種不受限制的生活，不管是哪一種的限制，你就要放棄「二選一」的思考方式，維持「兩個都要」的意念。

提出宣言：請你把手放在你的心上，說：

「我永遠都想『兩個都要』。」

現在，摸著你的頭說：

「這是有錢人的腦袋！」

像有錢人一樣行動

1. 學著採用「兩個都要」的思考方法，並製造狀況讓自己練習做到。不管你面臨什麼樣的選擇，都問自己：「我要如何兩者通吃？」
2. 務必知道：流通的錢可以增進人們的生活。每一次花錢時都對自己說：「這筆錢會經過成千上萬人的手，為所有人創造價值。」
3. 把自己當作模範生，展現你的善良、慷慨、友愛，以及富裕！

財富檔案13

有錢人專注於自己的淨值。
窮人專注於自己的工作收入。

談到錢的時候，一般人通常會問：「你賺多少？」你很少會聽到「你的淨值是多少？」這樣的問題。很少人會這樣說話，除了在有錢人出入的俱樂部以外。

在這類的俱樂部裡，關於財務的談話幾乎總是圍繞淨值：「吉姆剛剛賣了他的股份，他的淨值超過一億。保羅的公司剛上市，他的淨值有兩億五千萬。蘇剛剛賣掉她的公司，她的淨值是三十五億。」在這裡，你不會聽到：「嘿，你聽說喬剛剛加薪了嗎？而且外加百分之二的生活津貼。」如果聽到這個，你就知道那個人是當天的客人。

致富法則：

眞正衡量財富的標準是淨值，不是工作收入。

眞正衡量財富的標準是淨值，不是工作收入。一向如此，將來也永遠如此。淨值，是你所擁有的全部東西的財務價值。想知道你的淨值有多少，要先把你所擁有的現金數目，以及你擁有的股票、債券、不動產的現值，以及（如果你自己有事業）你的事業的價值，以及你自有房屋的現值都加起來，然後扣除掉你的債務，所剩的數字就是你的淨值。淨值是財富的終極測量標準，因爲如果必要的話，你的資產最後可以轉化爲現金。

有錢人知道工作收入和淨值的巨大差別，工作收入很重要，不過它只是決定你淨值的四項因素之一。這四種決定淨值高低的因素是：

一、**收入**

二、**存款**

三、**投資**

四、簡化

有錢人知道，打造高淨值的公式包含這四項因素。由於這四種因素都非常重要，所以接下來逐一檢視。

收入有兩種形式：工作收入和被動收入。工作收入是從實際工作而來的金錢，包括每日工作的薪水；對企業主來說，這還包括事業的獲利或收入。工作收入要求你投入時間和勞力以賺取薪水；工作收入很重要，因爲若是沒有它，幾乎不可能產生另外三項淨值因素。

可以這麼說，工作收入是我們塡滿財務「漏斗」的方式。假設不論其他條件，照理說，工作收入越多，所能存下與投資的金錢也就越多。儘管工作收入很重要，但它只是財務淨值等式裡的一環。

不巧的是，窮人和多數中產階級在這四項因素中只專注於工作收入。因此，他們的淨值很低，或者根本毫無淨值。

被動收入，指的是你不需要實際工作就能賺到的錢。稍後會仔細討論被動收入，現在你只要把它想像成塡充財務漏斗的另外一條收入支流，而且可以拿來消費、儲蓄和投資。

儲蓄也是至關重要的一項。你可能賺了很多錢，但如果你一點都沒有保留下來，你絕對無法創造財富。很多人把自己的金錢藍圖設計成消費模式，不管有多少錢，一概花光。在立即的享受與長期的平衡之間，他們選擇前者。

敗家之流有三個座右銘。第一個是：「還不就只是錢而已。」所以他們不會有多少錢。第二個座右銘是：「失去的還會再回來。」至少他們希望如此——因爲他們還有一個座右銘是：「抱歉，我現在不行，我沒錢了。」他們不創造收入來填補財務漏斗，也不儲蓄，所以根本無法奢談第二個淨值因素。

只要你開始把大部分收入儲蓄起來，那麼你就可以進入下個階段，利用投資來賺錢。一般來說，你越懂得投資，你的錢成長的速度和產生更大淨值的速度就會更快。有錢人會把時間和精力用來學習與投資相關的事物，會誇耀自己善於投資，至少善於雇用投資專家幫他們理財。窮人卻認爲，投資是有錢人才能做的事，所以他們從來不學習，而繼續過著沒錢的生活。

第四項淨值因素可說是一匹「黑馬」，很少人知道它對於創造財富的重要性。它是「簡化」。這個因素和儲蓄一起作用，讓你很自覺地過著一種對金錢需求比較低的生活方式。減少了生活開銷之後，你的存款就能增加，而你能拿來投資的金額就跟著增加。

要說明簡化這項因素的威力，我想到課程上一位學員的故事。蘇二十三歲那年做了一個明智的抉擇：她買了房子。她當時花的錢不到三十萬美金（約台幣一千萬），過了七年，房市上揚，蘇的房子賣了兩倍的價錢，獲利超過三十萬美金。她考慮再買一間房子，但是在參加了我們的課程之後，她發現，如果她把錢投資在利率一〇%的第二間抵押房屋上，並且簡化她的生活，她就可以運用她的投資所得過著很舒服的生活，再也不需要工作。所以她不買新房子，而搬去與她姐姐同住。現在她三十歲，已經不必擔心錢的問題了。她的獨立不是靠賺很多錢贏來的，而是靠著她很自覺地減少個人的總開銷。她還是在工作，因爲她喜歡工作；不過她其實不需要靠工作賺錢了。事實上，一年裡她只工作半年，其他時間都待在斐濟，這是因爲第一，她喜歡那裡，第二，她說她的錢在那裡賺得更多。因爲她和當地人一起住，而不是像觀光客那樣住飯店，所以花費不大。你認識幾個人想和她一樣，每年可以在一個熱帶島嶼住半年，而在盛年的三十歲開始就再也不用靠工作賺錢？蘇創造了一種簡單的生活方式，所以不需要花很多錢過生活。

想一想你自己，你需要付出什麼代價才能在財務上獲得快樂？如果你需要住別墅，擁有三間渡假屋，開十輛車，每年環遊世界一次，吃魚子醬，喝最好的香檳，那也可以，不過你就得把你的標準提到很高，而且可能要花很長的時間才會獲得你要的快樂。相反的，如果你不需要很多「玩具」就可以開心，那麼你達成財務目標的時間會快得多。再說一次，累積你的淨值，需要在四方面努力，這就好像在開一輛四輪汽車。如果你只用一個輪子，那麼開車時也許會走得很慢，不斷顛簸，火星四射，一直打圈圈。聽起來很耳熟吧？有錢人用四個輪子玩金錢遊戲，所以他們的車子開得很快，順暢筆直，而且輕鬆得多。

我用汽車做比喻，是因爲你如果成功了，也許會想帶著別人和你一起上路。

窮人和大部分中間階層卻只用一個輪子玩金錢遊戲。他們相信，致富只有一個方法，就是賺很多錢。他們如此相信，是因爲他們從來沒有成功過，也不了解巴金森定律（Parkinson's Law）：「支出永遠與收入成正比。」

在我們社會上有一個常見的現象。你有一部車，等你賺更多錢之後，你會買一輛更好的車；你有一棟房子，等你賺了更多的錢之後會換一間更大的房子；你有衣服，等你賺更多錢了，你會買更好的衣服；你現在渡假，等你賺了更多的錢，你會花更多的錢去渡假。事情總有例外……但是我說的這一點幾乎沒有例外！一般說來，人的收入增高之後，花費一無例外也會增高。那就是爲何，只憑收入永遠無法創造財富。

這本書原書名叫做《千萬富翁的秘密》，這個「千萬」指的是收入還是淨值呢？淨值。

那麼，如果你的目標是到達千萬以上，你就必須致力於創造你的淨值。就像前面所討論的，淨值的基礎除了收入之外還有很多別的。

你要對自己的淨值瞭若指掌。以下這個練習，將會徹底改變你的金錢生活。

拿一張白紙，寫上「淨值」兩字。然後畫一個數字表，一端是「〇」，另一端是你的淨值目標，隨便你寫多少。然後，寫下你目前的淨值，三個月後，寫下你的新的淨值。就這樣。持續做下去，你會發現自己越來越有錢。爲什麼會這樣？因爲你開始「追蹤」你的淨值了。

記住：你所專注的事情會擴大。我在訓練課上常說：「注意力所在的地方，就會有能量流動，也就會出現結果。」

致富法則：

注意力所在的地方，就會有能量流動，也就會出現結果。

追蹤你的淨值，你的注意力就會集中在它上面，而由於你所專注的事情會擴大，所以你的淨値就會擴大。順道一提，這個定律適用於生活中每一個層面。

爲了讓你增加淨値，我鼓勵你去找一位好的財務規劃師。專家可以幫助你追蹤並累積你的淨値。他們會協助你理財，介紹你許多存錢和生錢的管道。

想找到好的規劃師，最好的辦法就是請人推薦，問朋友或合夥人他們現在雇用的優秀理財規劃師是哪位。我不是說你要把理財人員所說的每一件事都奉爲聖經，但是我建議你，找一個有能力幫助你規劃與追蹤財務的專家。一個好的規劃師可以提供你工具和知識，並推薦一些可以幫助你增加財富的投資習慣。大致說來，我建議你找一個熟知各種金融產品的理財規劃師，而不是只專精於單一投資標的規劃師。如此一來，你就會發現很多選擇，再判斷其中哪一些適合你。

提出宣言：請你把手放在你的心上，說：

「我專注於建立我的淨値！」

現在，摸著你的頭說：

「這是有錢人的腦袋！」

像有錢人一樣行動

1. 專注於四項構成淨值的因素：增加收入，增加儲蓄，增加投資獲利，並且藉由簡化生活方式來減低生活開銷。
2. 製作一張淨值報表。製作這張表的時候，把你擁有的一切物品的現值（你的資產）都加起來，並減去你的負債總值。每四個月追蹤和修改這張財務報表一次。再說一次，根據專注定律，你追蹤的東西一定會增加。
3. 雇用一位優秀的理財規劃師，與信譽良好的知名公司合作。再次提醒你，最好請教朋友和合夥人，請他們推薦一位理財規劃師。

財富檔案14

有錢人很會管理他們的錢。窮人很會搞丟他們的錢。

湯瑪斯・史丹利（Thomas Stanley）在他的暢銷書《下個富翁就是你》（*The Millionaire Next Door*）裡提到，他收集了北美的千萬富翁的資料，把他們的背景和他們致富的過程做了一番整理，結果可以用短短一句話來說：「有錢人很善於管理金錢。」有錢人可以把他們的錢管理得很好，窮人則很不懂得管理他們的錢。

有錢人並不比窮人聰明，只不過有錢人管理金錢的習慣和窮人不一樣，而比較有效。我們在本書第一篇談到了，我們的金錢習慣大體上都植基於過去的制約。所以首先，如果你不管好你的錢，你很可能是被習慣制約了，變成不會管理錢財的人。第二，可能——

而且是非常可能——你不懂得如何用簡單有效的方法管理你的錢。我不知道你的情況如何，但是我唸書的時候學校並沒有開設「金錢管理概論」這樣的課。我們只學了歷史地理那些。

這可能不是最好聽的話題之一，但還是要說：財務成功和財務失敗的最大差別，在於你管理金錢的能力。很簡單，想要駕馭金錢，首先必須管理金錢。

窮人若不是很不會管理金錢，就是乾脆逃避錢這件事。很多人不喜歡管理自己的錢，因爲首先，他們說這會限制他們的自由，再者，他們說他們沒有足夠的錢可以管理。

針對第一個藉口，我要說，管理金錢不會限制你的自由，卻反而會增加你的自由。管理你的錢最終會讓你得到財務自由，讓你再也不需要工作。對我來說，那才是眞正的自由。

至於那些說「我沒有足夠的錢可以管理」的人，其實是用錯誤的望遠鏡頭在看事情。與其說「等我有了很多的錢，我就會開始管理錢」，事實是：「等我開始管理錢以後，我就會有很多的錢。」

說「等我有錢了，我就會開始管理我的錢」，就好像一個體重超重的人說：「等我瘦下十公斤，我就會開始運動和節食。」這就像把馬車放在馬的前面，根本哪裡也到不了，甚至會後退！你要先妥善處理你所有的錢，然後就會有更多的錢可以管理。

在訓練課上，我說過一個故事，學員們都覺得當頭棒喝。想像你與一個五歲小孩一起走在街上，你們走進一家冰淇淋店，你爲小朋友在脆皮甜筒上裝了一球冰淇淋，因爲他們沒有杯子。你們走出店外，你發現小朋友的小手上滴滿了冰淇淋，突然間，啪一聲，冰淇淋從甜筒上掉到了地面。

小孩開始哭，於是你又走回店裡，準備再點一客，這時小朋友發現一張「三球冰淇淋筒」的照片，指著它興奮地說：「我要那一個！」

問題來了。你是這樣一個和藹可親、愛心滿滿又慷慨的大人，你會幫小朋友買這個三球冰淇淋嗎？你也許馬上會說是：「當然會。」然而，再更深入考慮這個問題之後，大部分的學員都會回答：「不會。」因爲你爲什麼要讓這個小孩去做會失敗的事？單球的冰淇淋他都拿不好了，怎麼可能搞得定三球的冰淇淋？

同樣道理，宇宙和你之間也是一樣。我們生存在一個慈祥又充滿愛心的宇宙裡，而它有一個規則：「除非你能管理你現有的一切，否則你不會再得到更多！」

致富法則：

除非你能管理你現有的一切，否則你不會再得到更多！

你必須培養出可以管理小額金錢的習慣和能力，才有機會得到大錢。記住，我們是習慣的動物，所以，你管理金錢的習慣，比你擁有的錢財數目更重要。

致富法則：

你管理金錢的習慣，比你擁有的錢財數目更重要。

那麼你究竟要如何管理金錢呢？在課程上，我們會把許多人認爲簡單得驚人但非常有效的金錢管理方法教給你，但這本書沒辦法深入討論所有細節，不過我會提供幾個重點，讓你開始管理。

財務自由帳戶

首先，到銀行開一個帳戶，當作你的「財務自由帳戶」（FFA, Financial Freedom Account）。你每一次收到一筆錢（扣稅之後），就把它的一〇%放進這個帳戶。這筆錢，你只能用來投資和創造被動收入。這個帳戶的任務，是爲你生出一隻金雞母，讓它生下一種叫做被動收入的金雞蛋。你什麼時候可以花這筆錢？永遠不行！這筆錢永遠不能花，你只能投資。等你退休，才可以動用這筆基金爲你賺來的錢（雞蛋），但是你絕對不花本金。這種方式會使得錢持續成長，這樣你就永遠不會落到身無分文的地步。

我們有一個學員叫艾瑪，兩年前打算宣告破產；她很不願意這樣做，可是她覺得自己已經走投無路，債務壓得她喘不過氣來了。然後，她參加了我們的訓練課程，學會了管理金錢的方法。艾瑪說：「就是它讓我掙脫了混亂的生活！」

艾瑪在課上學到了把自己的錢分開存入幾個不同的帳戶。「哼，眞好，」她想：「我根本沒有錢可以分開存啊！」不過艾瑪有心學習，所以她就從一塊錢開始計算。沒錯，一個月一塊錢。

根據我們的分配方式，她把一塊錢的十分之一存入她的「財務自由帳戶」。她一開始的想法是：「我一個月存一毛錢，怎麼可能達到財務自由呢？」於是她決定從一塊錢開始，然後每個月要存前個月的兩倍數目。第二個月她存兩塊錢，第三個月四塊錢，然後八塊，十六塊，三十二塊，六十四塊，到了第十二個月，她存了二〇四八元。

兩年後，她開始回收了，成果很驚人。她現在有能力直接存一萬元美金到她的財務自由帳戶裡！她已經養成了良好的金錢管理習慣，所以每當一張一萬元的紅利支票一到她手上，她根本不會想花它！

艾瑪現在已經沒有負債，正朝向財務自由的路上邁進。這全歸功於她把所學到的方法付諸行動，即便剛開始一個月只能存一塊錢。

不論你現在有沒有一大筆錢，是不是窮到要當褲子，重要的是你只要開始管理你的錢，你就會很驚訝自己可以那麼快就得到更多的錢。

在課程裡有另外一個學員說：「假如我現在是在借錢過生活，我能怎樣管理我的錢呢？」答案是，你就多借一塊錢，然後管理那一塊錢。即便你一個月只多借到或多找到了幾塊錢，你都要管理好那幾塊錢，因爲，有一條大於「物理」世界的法則在運作。這條精神性的法則說：一旦你向宇宙展現出你可以把你的財務管理妥當，就會發生金錢的奇蹟。

財務自由罐

除了開設一個財務自由帳戶以外，你還要在家裡設立一個「財務自由罐」，每天把錢放進去，金額不重要，十元、五元、一元都好，重要的是這個習慣。這個秘密，是要你把每天的「注意力」放在達成財務自由的這個目標上。錢會吸引更多的錢。讓這個簡單的錢罐變成你的金錢吸鐵，把更多的錢和機會吸進你的生命中，幫助你達成財務自由。

我知道，這不會是你第一次聽到有人建議你把收入的十分之一存起來，作為長期投資之用，但是這可能會是你第一次聽到，你必須有一個同樣數目但是用途相反的帳戶，專門為了供你「燒」錢和玩樂之用。

管理金錢的重大秘密之一，在於「平衡」。一方面，你想多多存錢，用錢來賺更多的錢；另一方面，你也要把收入的另外十分之一放進你的「玩樂」帳戶。為什麼？因為我們人的本性是一個整體，不可能生命中的某一部分受到了影響而其他部分完全不動。有些人會存錢，一直存錢，他們的邏輯和責任感得到了滿足，可是他們的「內在靈魂」並不滿足，最後，這個生來喜歡「找樂子」的靈魂會說：「我受夠了。我也要得到一些關注。」然後就摧毀他們辛苦的成果。

反過來看，如果你一直花錢，你不但永遠不可能變富有，而且你內在那個負責任的自己甚至會製造出一個狀況，讓你不覺得你花錢買的那些事物是享受；你最後會出現罪惡感。這份罪惡感會導致你不自覺地花更多錢，藉以表達你的情緒，讓你暫時覺得好過一點，但是你很快又會回到罪惡感和羞愧感之中。這是一個惡性循環，只有一個方法可以防止它發生，那就是學習有效的方法，好好管理你的錢。

這個玩樂帳戶的最大目的，就是讓你呵護自己，做一些你平常不會做的事，尤其是很特別的那些事，譬如上餐廳叫一瓶好酒或香檳，或是租一艘船一日遊，或是挑一家高級的飯店過個奢華的夜晚。

這個玩樂帳戶的原則是，每個月都要把錢花光——是的，花光。每個月你都要挑一些可以讓你覺得自己很有錢的方式，把帳戶裡所有的錢都燒掉。譬如，你可以走進一家按摩中心，把你玩樂帳戶裡所有的錢都倒在櫃檯上，指著按摩治療師說：「我要你們兩個一起幫我做，用熱石和小黃瓜，然後，幫我送午餐來！」

這是我說的，揮霍。唯一一個能讓多數人貫徹儲蓄計畫的辦法，就是使用一個與儲蓄目的完全相反的玩樂計畫，以此慰勞我們的努力。你的玩樂帳戶也是爲了強化你的「接受」肌肉而設計的，而且它把管理金錢變成一件超級好玩的事。

除了玩樂帳戶和財務自由帳戶之外，我建議你再開四個帳戶：

一〇%，存入為消費使用的「長期儲蓄帳戶」；

一〇%，存入「教育帳戶」；

五〇%，存入「需求帳戶」；

一〇%，存入「付出帳戶」。

窮人認為一切都與收入有關；他們認定，必須先賺一大筆錢才會成為有錢人。我要再說一次，這簡直是胡說！事實上，如果你按照我建議的方式開始管理你的金錢，你就可以利用一份為數不多的收入達成財務自由。如果你不管好你的錢，你就不可能達成財務自由，就算你的收入很可觀。就是因為這樣，所以很多高收入的專業人士譬如醫生、律師和運動員，甚至會計師，其實很窮。

重點不在於你賺了多少錢，而是你如何處理你所賺來的錢。

有個學員約翰告訴我，他第一次聽到這個金錢管理法的時候，心想：「多無聊啊！誰要把寶貴的時間拿來做這種事啊？」但是他在訓練的過程中終於明白，如果他將來想要達到財務自由，而且希望儘可能快一點得到，那麼他就必須管理他的錢，像有錢人那樣管理。

約翰必須學習這個新的習慣，因爲這根本不是他生來就會的事。他說這件事讓他想起鐵人三項的訓練。他擅長游泳和騎自行車，但是很討厭跑步，因爲跑步會傷害他的脚、膝蓋和背部。每次訓練結束他就全身僵硬。跑步時他總是上氣不接下氣，肺部灼熱得厲害，雖然他跑的速度並不快！他向來討厭跑步，但是他知道，如果他想成爲頂尖的鐵人運動員，他就必須學習跑步，並接受現實，了解到跑步是成功的必要條件之一。約翰從前逃避跑步，但現在他決定每天都要跑步。幾個月之後，他開始喜歡跑步，而且每天都很期待呢。

約翰在金錢管理上也發生同樣的情況。一開始，他討厭所有的動作，但是逐漸喜歡上它。現在的他非常期待接到支票，然後就把錢存入不同的帳戶！他很喜歡看著他的淨值從零變成三十萬美金，而且每天持續成長。

總歸一句話：不是你控制錢，就是錢控制你。想控制金錢，你就必須管理金錢。

我很喜歡聽到結業的學員來分享他們開始管理金錢之後，對於金錢、成功和自己感到信心大增。這股信心會轉入他們生活中的各層面，提升他們的快樂，增進他們的關係和甚至健康。

致富法則：

不是你控制錢，就是錢控制你。

錢是人生裡一個很重要的東西，當你開始學習如何控制財務，你生活中的每一層面都會向前躍進。

提出宣言：請你把手放在你的心上，說：

「我是管錢高手！」

現在，摸著你的頭說：

「這是有錢人的腦袋！」

像有錢人一樣行動

1. 開立一個財務自由的銀行帳戶。把你收入的一〇%（稅後）存進去。這筆錢只能用來投資，所產生的被動收入是要讓你退休以後使用。

2. 在家中擺一個財務自由罐，每天都放一點錢進去，即使是銅板也好。這可以讓你每天把注意力集中在財務自由這目標上；注意力集中的地方，就會產生結果。

3. 開一個玩樂帳戶，或是在你家裡放一個玩樂錢罐，把每個月收入的一〇%（稅後）放進去。另外再開立四個帳戶，存入不同百分比的收入：
一〇%，存入爲消費使用的「長期儲蓄帳戶」；
一〇%，存入「教育帳戶」；
五〇%，存入「需求帳戶」；
一〇%，存入「付出帳戶」。

4. 不管你有多少錢，現在就開始管理。不要等明天，今天就開始。就算你只有十塊錢，那就把一塊錢放進你的財務自由錢罐，另外一塊錢放進你的玩樂錢罐。這個動作會把訊息傳送到宇宙中，讓宇宙知道，你已經準備要接受更多的錢。

寄件人：克莉絲汀・柯羅瑟

收件人：T・哈福・艾克

長話短說，T・哈福・艾克的密集訓練課程徹底改變了我與錢的關係，而我的生意在一年裡成長了百分之四百。

最重要的是，我先生和我終於「懂了」，把我們每個月收入先存下百分之十這件事實在太重要了。現在，我很高興地說，參加了哈福的訓練課程至今幾年，我們存的錢，比過去十五年所存的錢加起來還要多！

而且，我們在課程上學到了如何在婚姻中解決財務問題，那些方法使得我們不再「爲錢爭吵」。

哈福的金錢管理方法很容易上手，而且眞的有效！

祝你成功。

財富檔案15

有錢人讓錢幫他們辛苦工作。窮人辛苦工作賺錢。

如果你和大部分人一樣，在成長過程中就接受了「必須辛苦工作賺錢」這個觀念，那麼很可能你並沒有同時被灌輸另一個同樣重要的觀念：要讓你的錢「爲你辛苦工作」。

無疑的，努力工作很重要，但光靠努力工作絕對不會使你致富。我們怎麼知道？看看現實世界裡幾百萬——不對，幾十億的人每天被工作奴役，累得跟狗一樣，但是他們都富有嗎？不！他們其中的大部分人有錢嗎？不！他們之中很多人有錢嗎？不！大部分人都很窮。但是反過來，你看世界各地的俱樂部裡，是誰在享受悠閒呢？是誰把下午時光拿來打高爾夫球、網球或揚帆出海呢？是誰整天購物，一渡假就是幾個星期呢？我讓你猜三次，前兩次不算。答案是有錢人，就是他們！所以我們要搞清楚：誰說必須努力工作才能有錢的？胡扯。

以往的新教工作倫理認爲，「一塊錢的工作換一塊錢的酬勞」。這句話沒有錯，只不過他們忘了告訴我們該如何處理那「一塊錢的酬勞」。只要懂得如何處理那一塊錢，你就從辛苦工作邁進聰明工作了。

有錢人可以成天玩耍休息，因爲他們都能用聰明方法工作。他們都了解並使用槓桿原理來讓自己省力。他們雇用其他人爲他們工作，也讓自己的錢爲自己工作。

確實，你眞的必須努力工作賺錢，但對有錢人來說，這只是暫時的狀況。對於窮人來說，這卻是永恆的。有錢人知道，「你」必須努力工作，直到你的「錢」工作得夠努力而能取代你。他們知道，你的錢所做的工作越多，你所需要做的工作就可以減少。

記住，錢就是精力。大部分人投入工作精力，換得金錢。在財務上取得了自由的人，學會了用其他形式的精力來取代他們投入工作中的精力。這些精力形式包括：其他人的工作、有效的事業，或是有效的投資。再說一次，一開始你辛苦工作賺錢，然後就讓錢爲你努力工作。

談到金錢遊戲，大部分人都不知道，需要什麼條件才能贏。你的目標是什麼？你什麼時候要贏得這個遊戲？你的目標是一日三餐溫飽，還是年收入十萬美金，或是變成千萬富翁億萬富翁？在我們的訓練課程上，我們要學員在金錢遊戲中設定的目標是「永遠不需要再工作……除非你自己選擇要工作」，如果你工作，那是「出於選擇，而非迫不得已」。

換句話說，你的目標就是儘快達成「財務自由」。我對於財務自由的定義很簡單：當你有能力過著你想要的生活方式，不必工作，不必在金錢上依賴任何人，這就叫財務自由。

注意，你想要的生活方式極可能要花錢。所以，爲了「自由」，你必須能不工作就賺到錢。想要贏這場金錢遊戲，就要做到能賺進足夠的被動收入來維持你想要的生活方式。簡言之，當你的被動收入大過你的開銷，你就達到財務自由了。

被動收入的主要來源有兩種。第一種是「讓錢幫你工作」。這包括以理財工具進行投資的所得，例如：股票、債券、匯市、共同基金，以及擁有抵押或其他會增值的資產，它們能夠變換成現金的收益。

第二個被動收入的主要來源，是「讓事業爲你工作」。這個前提是從事業不斷產生收益，而你不需親自參與事業的運作就能接收獲利。譬如出租房地產，從書籍、音樂或軟體獲得的版稅，專利所得，成爲經銷商，擁有儲存庫，擁有販賣機或其他投幣式的機器，還有直銷與傳銷。這也包括設立任何一種系統化的、不需要靠你就能自行運作的生意。再說一次，這事與能量有關。重點在於，這個生意是爲別人工作和創造價值的，而不是爲你。

以傳銷爲例，就是一種驚人的概念。第一，它不會要求你投入一大筆創業資本。第二，一旦你完成了初期的工作，你就能持續享受收入（又是一種不需要你工作就能有收入的方式），一年又一年。這樣的收入，你在朝九晚五的工作中能得到嗎？

創造被動收入實在是件太重要的事了，我再三強調。道理很簡單，如果沒有被動收入，你永遠不會有自由。不過——這是個蠻大的「不過」，你知道大部分人在創造被動收入的過程中會遇到重重困難嗎？有三個原因。第一，慣性。大多數人都被灌輸了觀念不去創造被動收入。讀國中高中的時候，你需要錢，爸媽會對你說什麼？他們會說：「好啊，出去賺點被動收入」嗎？大概不會！我們大部分會聽到：「去找個工作」之類的話。我們被教導成要爲錢「工作」，所以被動收入對大部分人來說是不正常的。

第二，大部分人從來沒有被教育過如何賺取被動收入。

在我的學校裡，另一門沒有開設的課程叫做「被動收入概論」。我倒是上了木工和鐵工（注意這兩門課都有個「工」字），做了個美麗燭臺給我媽。既然我們在學校裡從來沒學過如何創造被動收入，所以我們會在別處學到，對嗎？才怪。結果是大部分人對這方面都不太了解，所以也沒辦法做什麼。

最後，因爲我們從來不曾接觸過、不曾被教導過關於被動收入和投資的事，所以我們從來就不太注意它，而是把大部分工作和事業的重心放在創造工作收入上。如果你很早就知道你最主要的財務目標應該是創造被動收入，那麼你會不會早一點考慮選擇這類事業呢？

我一向建議大家，要選擇那些可以自然而且輕鬆就能產生被動收入的方向，或者把現有事業調整成這樣。這在今天來說尤其重要，因爲太多人從事服務業，每天都得親自工作才有收入。從事服務業不是壞事，只不過假如你沒有立刻搭上投資列車，而且成績傲人，你就永遠會被工作綁住。

選擇了能夠立刻產生、或者是最終會產生被動收入的工作機會，你就可以擁有兩個世界：先有工作收入，後有被動收入。請往前面幾段再讀一遍前面討論過的幾種被動事業收入。

很可惜，幾乎每一個人的金錢藍圖都被設計成是要賺取工作收入，而不是被動收入。

這種態度在你參加了我們的訓練課程之後將會完全改觀。我們會使用實際方法改變你的金錢藍圖，讓賺取被動收入變成對你來說是既正常又自然的事。

有錢人想得很遠。他們把今天的玩樂花費與對明天的投資兩相平衡。窮人只想眼前。他們的生活方式是基於立即享受。窮人會使用譬如「我今天都快過不去了，怎麼可能去想明天的事？」之類的藉口；問題是，明天會變成今天；如果你不處理好今天的問題，明天你還是會講同樣的話。

爲了增加你的財富，你必須多賺一點錢，或是少花一點錢。我沒有看到誰拿槍指著你的頭，叫你一定要住什麼樣的房子、開什麼樣的車、穿什麼樣的衣服、吃什麼樣的食物。你有權利自己選擇。這是優先順序的問題。**窮人選擇現在，有錢人選擇平衡**。

我想到我岳父岳母。他們經營雜貨店二十五年，是簡單版的7-Eleven，只是規模小得多。他們大部分的收入都是靠賣香菸、糖果、冰淇淋、口香糖和汽水，以前還沒有賣彩券。平均每一筆交易的收入都不到三十元美金，簡單來講，他們做的是賺「零錢」的生意。但是他們把大部分的零頭都存了下來。他們不去外面餐廳吃飯，不買炫麗的衣服，也不開新款的車，住得很簡單但舒適，最後付清了貸款，甚至買下了雜貨店所在的商場的一半土地。我岳父五十九歲退休，靠的是儲蓄和用他那些「零錢」所做的投資。

我很不願意告訴你，爲了立即滿足而購物，只是因爲想要彌補我們對於生活的不滿，可是這方式根本無效。而你把你所不擁有的錢「花掉」，是因爲你想「花掉」你所有的情緒。這個症狀通常叫做消費治療。超支，以及渴望立即得到滿足，這兩種行爲跟你實際上買了什麼東西是無關的，而跟你在生活中缺乏滿足感有關。如果你的超支並不出於一時情緒，那麼它就是來自你的金錢藍圖。

我們另外一位學員納塔麗，她的父母是超級貪小便宜的人，買任何東西都要用折價券。她母親有一個檔案盒，裡面裝滿了分門別類的折價券。她父親有一輛生鏽的十五年老車，納塔麗很不願意被別人看見她坐在那輛車裡，特別是她母親接她放學的時候。納塔麗一坐進那輛車裡，就開始祈禱不會被別人看見。出外渡假，他們家從來沒有住過旅社或飯店，甚至也不搭飛機，而是開十一天的車橫越美國，沿路露營，年年如此！

所有的東西都「太貴了」。從他們的行爲看來，納塔麗認爲父母很窮，但是當年她父親的年收入是七萬五千美元，她認爲相當多，所以她覺得困惑。

她由於討厭父母的小氣行徑，所以她反其道而行，一定要用最高檔的昂貴物品。到了她自己在外面住，自己賺錢謀生的時候，她眞的完全沒有察覺自己馬上就會把所有錢花光，然後還覺得不夠！

納塔麗有很多張信用卡和各式會員卡，她把所有卡片都拿來使用，到最後根本無法負擔最低金額了，她只好來參加我們的密集訓練課程。然後她說，這個課程救了她一命。

在課程中，我們會指出你的「金錢性格」，在這個單元裡，納塔麗認清了爲什麼她會非要把所有錢都花光不可。因爲她很厭惡父母親的吝嗇，也爲了向自己和全世界證明她不是像他們一樣小氣的人。從那堂課開始，納塔麗的金錢藍圖改變了，她說她再也沒有衝動想要「胡亂」揮霍了。

納塔麗說，她最近去購物中心閒逛，發現她很喜歡的一家店在櫥窗裡懸掛了一件美麗的淺棕色皮草鑲麂皮的大衣，她的腦子馬上說：「你穿上它一定很好看，一定很能襯托你的金髮。你需要這件大衣；你缺少一件眞正質料很好又很有型的冬天大衣。」於是她走進店裡。她試穿的時候，看到標價寫著四百美金。她從來沒買過這麼貴的大衣，她心裡想：「那又怎樣，反正你穿起來很好看！買了吧。以後再把錢賺回來。」

她說，就在這時候，她發現了密集課程的影響力有多大。差不多就在她想著要買下來的同時，她心中比較正面的「檔案」出現了，對她說：「你還是把這四百美金放進你的財務自由帳戶裡吧，這樣對你比較有好處！你要這件大衣幹嘛？你已經有一件了，現在那一件就很不錯了。」

不知不覺中，她就把那件大衣放下來，以後再說，而不是像以往一樣馬上買下來。結果她沒有再回去買那件大衣。

納塔麗發覺，她心裡的「物質滿足」檔案已經被淘汰了，換成了「財務自由」檔案。她的金錢藍圖已經設計成不讓她多花錢了。現在她知道自己可以從父母身上學到最好的教訓，把錢存下來，但同時還能用她的玩樂帳戶買些好東西犒賞自己。

納塔麗於是請父母來參加課程，讓他們的金錢觀也能得到平衡。她很驚訝地發現，她父母現在會住旅社了（還不會住高級飯店），也買了一輛新車，並且現在正學著如何讓錢爲他們工作。他們退休的時候是大富翁。

納塔麗現在知道了，想成爲千萬富翁，不必像她父母那樣「小氣」。但是她現在也知道，如果她和以前一樣花錢不經過大腦，那麼她永遠不可能達到財務自由。納塔麗說：「可以控制我自己的錢和我的心思，這種感覺眞奇妙。」

再說一次，重點是要讓你的錢爲你努力工作，就像你爲了錢而努力一樣。意思是你必須儲蓄，必須投資，而不是立志以花錢爲人生目的。好笑的是：有錢人的錢很多，但是花得很少；窮人的錢很少，卻花得很多。

這是眼光長遠或短淺的問題：窮人工作賺錢，是爲了今天；有錢人工作賺錢之後用錢投資，是爲了未來。

有錢人買不動產和可能會增值的東西，窮人買消耗品，那些東西一定會貶值。有錢人收集土地，窮人卻收集帳單。

我要教你一件我也教我孩子的事：「購買不動產。」如果買得起一定會產生現金獲益的資產，那是最好的，不過我覺得，就算只有一點點不動產也比沒有好。當然，不動產的市場有起有落，但是到最後，不管是五年十年、二十年或三十年之後，我敢打賭它的價値一定會比今天高很多很多，到時候你可能光靠這個就發了。

買你現在買得起的東西。如果你需要一點資金，可以向你很熟而且很信賴的人一起買。購買不動產只有一個麻煩，那就是沒有量力而爲，或是在不景氣時賤價賣出。如果你聽了我前面的建議，好好管理你的錢，那麼你幾乎不會遇到這種狀況。記得那句話：「不要等著買房地產，要把房地產買下來等。」

先前舉了我岳父岳母的例子，爲求公平，現在我再說一個我父母的例子。我父母並不窮，不過也稱不上有錢。我爸努力工作，我媽身體不好，所以在家裡照顧小孩。我爸是木匠，他知道那些雇用他的建商現在開發的土地都是很多年以前就買下的，他也知道他們都很有錢。我爸媽也存錢，聚沙成塔，最後買了一塊三畝大的地，在城郊大約二十哩的地方，花了六萬美金。十年後，有個建商打算在我爸媽那塊地上蓋購物中心，我爸媽於是把那塊地賣了六十萬。扣掉原來投下去的錢，他們的投資獲益平均每年是五萬四千美元，而我爸從他的木匠工作所得的收入是每年一萬五千到兩萬之間。他們現在當然退休了，日子過得很愜意。我敢說，當年假如沒有買賣那塊地，他們現在會過得很拮据。謝天謝地，我父親知道投資的重要性，尤其是投資不動產的重要性。現在你知道我為什麼要收集土地了吧。

致富法則：

有錢人把每一塊錢都視為「種子」，把它種下之後可以多賺一百塊錢，再把這些賺到的錢種下，又多回收一千塊錢。

窮人把一塊錢當一塊錢，用錢換取他們眼前想要的東西。有錢人把每一塊錢都視為「種子」，把它種下之後可以多賺一百塊錢，再把這些賺到的錢種下，又多回收一千塊錢。想想看。你今天花的每一塊錢，其實是花掉了你未來的好幾百塊錢。我個人把我的每一

塊錢都看成投資「尖兵」，而他們的任務是「獲得自由」，我不會輕易讓它們離開。

關鍵就在於學習。去了解投資的世界，熟悉各種不同的投資管道和財務工具，例如不動產、抵押、股票、債券、匯市等等；然後，從中間選擇一個領域，變成那個領域的專家。開始投資那一塊，之後再轉進其他的投資。

總歸一句話：窮人努力工作，而且把所有錢都花光，造成他們必須永遠努力工作。有錢人努力工作，儲蓄，然後把錢拿來投資，好讓他們以後永遠不必工作。

提出宣言：請你把手放在你的心上，說：

「我的錢爲我努力工作，幫我賺更多更多的錢。」

現在，摸著你的頭說：

「這是有錢人的腦袋！」

像有錢人一樣行動

1. 學習。找一堂投資的課程來上。一個月至少讀一本投資理財書籍，閱讀理財雜誌譬如《錢》（*Money*）、《富比士》（*Forbes*）、《拜倫氏》（*Barron's*），以及《華爾街日報》（*Wall Street Journal*）。我沒有要你聽從雜誌上的投資建議，而是要你知道外面有哪些理財的選擇，然後挑一個領域深入研究，成爲專家，再進入那個領域進行投資。
2. 把你的焦點從「主動」收入轉向「被動」收入。列出至少三種你可以不需要工作就創造收入的方式。開始去研究然後採取行動，實行這些策略。
3. 不要等著買房地產，要把房地產買下來等。

財富檔案16

有錢人就算恐懼也會採取行動。
窮人卻會讓恐懼擋住了他們行動。

稍早在書裡我們談過「實現程序」，現在來複習一下這個公式：

想法產生感覺，感覺產生行動，行動產生結果。

世上幾百萬人「想」變成有錢人，成千上萬人用確認信念、想像畫面和冥想等等方式來把自己想成有錢人。我幾乎天天冥想，但我從來不會光坐在那兒就以爲錢會從天上掉下來砸在我頭上。我想，我只是很多必須實際做一點事才能成功的可憐人之一。

確認信念、冥想和想像畫面等等都是很棒的工具，不過我覺得不可能單靠其中一項就真的有錢出現在你面前。在真實世界裡，你必須「行動」才能成功。爲什麼行動這麼重要？我們回到「實現程序」，看一看想法和感覺是怎麼回事，它們是屬於內在世界還是外在世界的東西？是內在世界。至於結果，它屬於內在世界還是外在世界？外在世界。所以意思就是，行動是內在世界和外在世界之間的「橋樑」。

致富法則：

行動是內在世界和外在世界之間的「橋樑」。

行動既然這麼重要，那麼是什麼讓我們明明知道行動非常重要卻不敢前進呢？是恐懼！

恐懼、懷疑和憂慮，是大大阻礙了成功和快樂的幾項重大因素。因此，有錢人和窮人之間的最大分別就是：有錢人在恐懼之中還會行動，窮人卻因爲恐懼而裹足不前。

針對這個題目，蘇珊・傑佛斯（Susan Jeffers）寫了一本很棒的書《感覺恐懼，照樣行動》（*Feel the Fear and Do It Anyway*）。大多數人所犯下的大錯，都是要等待恐懼感漸漸消退或完全消失之後才願意採取行動。這些人，通常會等一輩子。

我們的課程中有一項很受歡迎，「啓蒙戰士訓練營」。這個訓練營讓學員知道，眞正的戰士可以馴服這條叫做「恐懼」的眼鏡蛇。不是要把這條蛇殺了，不是把它擺脫掉，當然也不是從眼鏡蛇面前逃開，而是「馴服」眼鏡蛇。

致富法則：

眞正的戰士可以馴服這條叫做「恐懼」的眼鏡蛇。

你務必了解，不必把恐懼除掉也能成功。有錢人和成功的人都會恐懼，也都會有疑慮，有擔憂，但他們不會讓這些感覺阻礙了自己。可是那些得不到成功的人，一旦有了恐懼、懷疑和憂慮，就會讓這些感覺妨礙自己。

我們是習慣的動物，所以我們需要練習，如何帶著心中的恐懼、懷疑、擔憂、不確定、不方便、不舒服還是能採取行動，甚至練習著在沒有心情行動的時候也可以行動。

致富法則：

不必把恐懼除掉也能成功。

我曾在西雅圖主講一個夜間研習會，討論即將結束時，我告訴聽衆，馬上有一個三天的密集訓練課程在溫哥華舉辦，這時有一個老兄就站起身說：「我的家人和朋友裡面有十幾個人參加過這個課程，結果實在是太不可思議了。每一個人都比以前快樂十倍，也都走上了財務成功之地。他們都說，這個課程會改變人的生命，如果你在西雅圖也開課的話，我一定會來。」

我謝謝他分享這個範例，然後問他是否準備接受一些訓練了。他點了頭，我說：「我只有三個字要給你。」他很高興地回答：「是什麼？」我簡潔回答他：「你很窮！」

然後我問他的財務狀況。他怯怯地回答：「不是太好。」我說：「你看吧。」然後我開始在學員前面狂吼：「如果你讓三小時的車程，或三小時的飛機，或三天的路程就擋住了你去做你需要做的、也想要做的事，那麼還會有什麼可以擱住你？答案很簡單：

什麼都可以！任何事都可以攔住你。不是因爲這個挑戰很大，而是因爲你太小！」

「這很簡單，」我接著說：「你是要當一個會被事情攔住的人，還是一個什麼都擋不住的人，你自己選擇。如果你想要創造財富或在其他事上得到成功，你就必須成爲戰士。你必須願意不計代價，必須把自己『訓練』成一個不會被任何事情阻擋的人。」

我說：「成爲有錢人不是那麼方便、那麼容易的事，卻可能是相當困難的事。但，那又如何？啓蒙戰士的法則之一這麼說了：如果你只願意做輕鬆的事，人生就會困難重重。但如果你願意做困難的事，那麼人生就會變得輕鬆。有錢人不會以簡單便利作爲行動或不行動的依據，那種簡單便利的生活方式，是保留給窮人和大部分的中間階層的人去過的。」

致富法則：

如果你只願意做輕鬆的事，人生就會困難重重。但如果你願意做困難的事，那麼人生就會變得輕鬆。

訓話結束，鴉雀無聲。

會後，這位引發訓話的老兄走向我，彬彬有禮感謝我爲他「開光點眼」。他當然就註冊了課程（雖然遠在溫哥華）——好笑的是，我離開會場時不小心聽到他在講電話，語氣熱烈地把我剛才講的話一字不漏對著電話那一端的人說。我猜他這一招奏效了，因爲隔天他打電話來，追加了三個人報名，這些人都是住東岸的！

談過了方不方便之後，關於不舒服又該怎麼說呢？爲什麼就算覺得不舒服還是要行動？因爲，「舒服」就是你現在所在的位置。如果你想要移動到新的生命層次，就必須突破你的舒服區域，嘗試一些你覺得不太舒服的事。

假設你現在過著第五級的生活，而你想要提升到第十級。第五級之下是你的舒服區域，而第六級以上則是你不熟悉的範圍，是你的「不舒服」區域。換句話說，想從第五級的生活爬升到第十級，你必須走過你的不舒服區域。

窮人以及大部分的小康階層，不願意體驗不舒服的狀態——他們人生中最重要的事就是舒服。但是我要告訴你一個有錢人和高度成功人士才知道的祕密：大家對於舒服這件事所給的評價實在太高了。舒服的狀態會讓你覺得溫暖、模糊而安全，但它不會讓你成長。你唯一能成長的時機，是在你踏出了你的舒服區之後。

讓我問你一個問題。你第一次嘗試新事物的時候，感覺舒服還是不舒服？通常是不舒服吧；但是後來呢，你嘗試過多次之後，你就覺得它越來越舒服了，對不對？就是這樣。一切事物在剛開始時都是不舒服的，但如果你堅持下去，最後就會穿越不舒服的領域，達到成功。然後你就會擁有一個新的更擴大的舒服區域，也就是說，你會變成一個「更大」的人。

再強調一次，你只在一個狀況下是眞正在成長的，那就是你覺得不舒服的時候。從現在開始，每當你感覺不舒服了，不要退回你原來的舒服區，反而要爲自己加油，說：「我現在一定是在成長。」然後繼續往前進。

致富法則：

你只在一個狀況下是眞正在成長的，那就是你覺得不舒服的時候。

如果你想變有錢、得到成功，你最好要習慣「感覺不舒服」這件事。帶著自覺，練習走進你的不舒服區域，做一些令你自己感覺害怕的事。以下這個等式，希望你在往後的人生一定要記住：

CZ＝WZ。(Comfort Zone＝Wealth Zone)

你的「舒服區」等於你的「財富區」。

假如你能擴大你的舒服區，你就會擴大你的收入和財富區。你假如想要得到更多的舒服，你所冒的險就會比較少，得到的機會比較少，遇到的人比較少，新的嘗試也比較少。懂我意思了嗎?你越是以舒服當作選擇事物的考慮點，你被恐懼約束的程度就越高。

相反的，當你願意伸展你自己，你就擴大了自己的機會區域，而這就能讓你吸引更多的收入和財富。再者，當你擁有了一個很大的「容器」(舒服區)，宇宙就會衝進來把那個空間填滿。有錢和成功人士的舒服區很大，而且他們一直在擴大這個區域，以便取得並留住更多的財富。

絕對不會有人因爲不舒服而死去。但是以舒服之名而活著，比什麼都更會扼殺新點子、機會、行動和成長。舒服是一個殺手！如果你的人生以舒服爲目標，那麼我保證你兩件事。第一，你永遠不會成爲有錢人；第二，你永遠不會快樂。活在半冷不熱的狀況裡，幻想一切有所不同，這樣是不可能快樂的。快樂，來自於我們讓自己順著自然去追求成長，並且充分發揮自我潛能。

試一試吧，下次你覺得不舒服、不確定或者害怕的時候，不要縮起來躲進安全區，而要大膽挺進。要注意並體驗不舒服的感覺，知道它只是一種感覺罷了，而它沒有能力阻擋你。如果你不顧不舒服的感覺也硬著頭皮繼續前進，你最後一定就能達成目標。

不必管不舒服的感覺會不會消失，就算它眞的消退了，也要把它當作是訊號，表示你應該把目標再擴大一些，因爲你一旦感覺舒服了，你就停止成長了。然後，爲了讓自己達到最大幅度的成長，你必須永遠活在你的盒子邊緣。

而且正因爲我們是習慣的動物，所以我們必須多多練習。我要你練習在面對恐懼的時候採取行動，在不方便的時候採取行動，在不舒服時採取行動，還要練習在你沒有心情行動的時候也能採取行動。這樣一來，你很快就會進入更高層次的人生。此外，練習的過程中要沿路檢查你的銀行帳戶，我保證它也會成長迅速。

我在課程上講到這裡的時候都會詢問聽衆：「請問誰願意練習在覺得恐懼和不舒服的時候採取行動？」通常每一個人都會舉手（他們可能很害怕我找他們麻煩）。然後我說：「說得容易！我們來看看你是不是認眞的。」

接著，我便拿出一根木箭，它的前端有個鋼質的箭尖。我對學員說，你們必須用喉嚨把這支箭折斷。我先示範如何讓鋼尖抵住喉嚨最軟的部分，叫另外一個人把手心張開，撐著箭的一端，你直接往箭頭走去，在它刺穿你的脖子之前用喉嚨把它折斷。

這時，多數人都被嚇壞了！有時候我會詢問有沒有人自願上來做練習，有時候我會把箭頭遞給每一個人。曾經有一場課上有一千個聽衆把箭頭折斷！

這個挑戰可能完成嗎？可能的。很可怕嗎？當然。不舒服嗎？那還用說。但是，不要讓恐懼和不舒服的感覺阻礙了你；要練習著把自己訓練成可以付出一切代價，練習著採取行動，不管面前是什麼東西擋著。

大部分人都能把箭折斷嗎？可以，只要帶著百分之百的意願走向箭頭，就可以折斷它。然而那些慢慢走向它，漫不經心或毫不在乎的人，則無法把箭折斷。

做了這個練習之後，我問大家：「請問誰覺得這支箭其實比想像中容易折斷？」所有人都同意，它實在比想像中容易得多。爲什麼會這樣？以下你將會聽到你這輩子所聽到的最重要教訓之一：

你的心，是有史以來最偉大的連續劇編劇。它會捏造出令人難以置信的故事，根據戲劇和災難的原則，編織出從來沒有發生過、可能永遠不會發生的事情。作家馬克・吐溫說得最好：「我這輩子有過幾千個問題，其中大部分從來沒有眞正發生。」

你務必了解一件事：你不等於你的心靈。你比你的心靈更大，也更強。你的心靈只是你的一部分，就像你的手只是你的一部分。

有一個問題很引人深思：如果你的手就像你的心靈，那會如何？它會到處亂摸，老是在打你，而且從來不閉嘴。這時你該怎麼辦？大部分人會回答：「把它砍掉！」但你的手是很有用的工具，何必砍掉它呢？眞正的答案當然是，你要控制它，管理它，訓練它爲你工作，而不是跟你唱反調。

就追求成功和快樂來說，你最應該學習的技巧，就是訓練並管理你自己的心。而這正是這本書在做的事。

致富法則：

就追求成功和快樂來說，你最應該學習的技巧，就是訓練並管理你自己的心。

如何訓練你的心靈呢？一開始，要先觀察。注意你的心是如何不斷產生那些對你的財富和快樂沒有好處的想法。你只要認出了這些想法，就可以用很清醒的方式把這些會

削弱你力量的想法去掉，換成那些可以增強你力量的想法。你上哪兒找這些可以增強力量的思考方式呢？就在這本書裡。本書的每一個宣言，都是可以增強你的力量的思考方式。

把這些思考、生活方式和態度養成習慣，變成你自己的。你不需要等待誰給你一張邀請卡才要做，現在就開始採用本書所描述的思考方式，不要再維持過去那些自暴自棄的心理習慣，你的人生就會好轉。做個決定，從現在開始，你不會讓你的想法控制你，而是你會控制你的想法。從現在開始，你的心思是你這艘船的船長，你才是船長，而你的心靈是在幫助你工作。

你可以選擇自己要怎麼想。

你天生就有能力把任何不支持你的想法給取消掉，你隨時可以做到。你也可以隨時把能賦予自己力量的想法安裝到腦子裡——方法很簡單，只要把注意力集中在那些想法上就可以。你有能力控制你的心靈。

我的一位好朋友，暢銷作家羅伯特·艾倫在我的訓練課上說了一句意義深刻的話：「你腦子裡沒有一個想法是不必付房租的。」

這話的意思是說，你要爲負面的想法付出代價。你會付出金錢、精力、時間、健康和你所在層次的快樂程度。如果你想要及早晉升到新的生命層次，你就要開始把你的想法分成兩種：一種是可以加添你力量的，一種是會減弱你力量的。觀察你的想法，判斷它對於你的快樂和成功有沒有益處，然後只注意那些會加強你力量的想法，不再專注於那些會減弱你力量的想法。每當你腦子裡出現了一個不具支持力量的想法，就說「取消它」，或是「謝謝你讓我知道這件事」然後就換成其他更具鼓勵作用的思考方式。我把這個方法稱作「強力思考法」。請把我的話聽進心裡，如果你練習這個方法，你的人生會從此不同。我敢保證！

「強力思考法」和「正面思考法」之間，有什麼差別呢？這兩者的差別很小，但是意義很不一樣。對我來說，人們使用正面思考的時候，是假裝一切美好，但他們心中並不眞的這麼認爲。可是，使用強力思考法的時候，我們很淸楚知道，每一件事都是中性的，事情的意義都是我們賦予它的，所以我們要編一個故事，給予它一些意義。

採用正面思考時，人們相信他們的想法是眞實的。可是，強力思考法會讓我們知道，我們的想法都不是眞實的，既然要編故事，不如編一個可以支持我們的故事。這麼做不是因爲我們的新想法絕對是眞的，而是因爲這些新想法對我們比較有好處，而讓我們感覺好很多。

最後，我必須提出警告：不要在家裡練習我前面提到的斷箭的動作。那個練習必須經過特殊設計，否則可能會傷害自己或身邊的人。我們在課程上會使用保護措施，如果你對這一類的突破練習感興趣，請上我們的網站看一看啓蒙戰士訓練營的介紹。

提出宣言：請你把手放在你的心上，說：

「我就算恐懼也要採取行動！」

「我就算懷疑也要採取行動！」

「我就算不方便也要採取行動！」

「我就算不舒服也要採取行動！」

「我就算沒有心情也要採取行動！」

現在，摸著你的頭說：

「這是有錢人的腦袋！」

像有錢人一樣行動

1. 列出三個你與金錢和財富有關的最大的憂慮、困擾，或恐懼。向它們挑戰。你所害怕的情況是什麼？把它們寫下來。這些情況如果眞的發生了，你會怎麼做？你還能生存嗎？你能東山再起嗎？很可能答案是可以。所以，別再擔憂了，開始變成有錢人吧！
2. 練習走出你的舒服區，故意做一些會讓你感到不舒服的決定。跟一些你平常不會交談的人說話，找老闆加薪，或是提高你的服務價格，每天早一個小時起床，晚上去樹林裡散步。歡迎來接受我們的啓蒙戰士訓練，它會把你訓練得所向無敵！
3. 運用「強力思考法」。觀察你自己和你的思考模式，只接受那些會支持你得到快樂和成功的念頭。挑戰你腦子裡那個老是說「我不行」或「我不要」或「我不喜歡」的聲音。不要讓這種源自恐懼、一心想要舒服的聲音得勝。與自己約定，不管何時，只要那個聲音試圖阻撓你去做某件可以幫助你成功的事，你就偏要去做，要讓你的心靈知道，主人是你，不是它。這樣一來，你可以大幅增強自信，這個聲音會變得越來越安靜，最後，對你絲毫不起作用。

哈福，

我是安德魯·威爾敦，今年十八歲，剛剛唸完大一。兩年前我參加了你的「有錢人腦袋密集訓練課程」之後，我就一直採用在課程裡學到的方法。

今年二月學校放假時，我的朋友不是去打工就是回家探親，但是我用了從你的方法中所存下來的錢，去西班牙南部海岸渡了十天的假。眞過癮！

如果我沒有實地運用我在你課程上學到的方法，我絕對不可能擁有金錢上的自由，去我想去的地方，做我想做的事。

謝謝你，哈福。

財富檔案17

有錢人持續學習成長。
窮人認爲他們已經知道一切。

在我的課程一開始，我會向大家介紹「最危險的三個字」，也就是「我知道」。那麼，你該如何知道你是不是眞的知道？很簡單。如果你在生活中體驗過它，你就會知道，否則你就只是聽說，讀到，或是在嘴上談論過，但是你不知道它。說白一點，如果你不是眞正有錢，不是眞正快樂，那麼關於錢、成功和人生，你極可能還有很多需要學習的東西。

我在本書一開頭說過，在我「窮途末路」的那段日子，很幸運獲得一位富翁朋友的建議，他對我的處境有點同情。記得他告訴我的話嗎：「如果你不像你想要的那麼成功，那麼就是有些事情你還不知道。」幸好我用心採納了他的建議，從一個「什麼都知道」的人，變成「什麼都要學」的人。從那一刻起，一切都改變了。

窮人常常試圖證明他們是對的，他們戴上一副什麼都懂的面具，說什麼他們的貧窮或奮鬥只是因爲運氣太壞、老天哪裡出了錯才會造成他們這樣。

我的名言裡有這麼一句：「你可以是對的，你也可以是有錢的，但你不會兩者都是。」所謂「對的」，意思是你非要堅持過去的思考和生存方式不可；可是很不幸的，正是那些東西造成你目前的處境。這個道理也可以用來描述快樂：「你可以是對的，你也可以是快樂的，但你不會兩者都是。」

致富法則：

你可以是對的，你也可以是有錢的，但你不會兩者都是。

名作家吉姆・朗（Jim Rohn）說過一句話非常有道理：「如果你繼續做你從以前到現在一直在做的事，你就會繼續得到你一直以來所得到的東西。」你已經知道了「你的」

方式，所以你現在需要知道新的方式。所以我要寫這本書，目的就是在你原有的認識之外，爲你增加一些新的心靈檔案；新的檔案指的是新的思考和新的行動，它們會帶來新的結果。

這就是爲什麼，持續學習和成長是如此重要的事。物理學家認爲，世界上沒有東西是靜止不動的。每一個活著的東西都不斷在改變，以一株植物來說，如果它停止生長，它很快就會死掉。人和其他生物一樣：不成長，就會死亡。

我喜歡哲學家艾瑞克·霍非（Eric Hoffer）說過的一句話：「學習者將會繼承地球，而有學問的人將會優雅地住進一個不再存在的世界。」換句話說，如果你不繼續學習，你就會被拋在後頭。

窮人說教育實在太昂貴，自己沒有時間沒有金錢。但是，有錢人會對富蘭克林的話表示同感：「如果你認爲教育很昂貴，請試一試無知的代價吧。」我相信你聽過「知識就是力量」這句話，這裡說的力量，是指行動的能力。

我在我的密集課程上發現了很有趣的現象。會說「我不需要上這個課」，或「我沒有時間」，或「我沒有錢」的，都是沒錢的人。而有錢的富翁們卻會報名，說：「如果我能學到一樣東西，或者有一點進步，那麼這個課程就值得了。」說到這裡順便提一下，如果你沒有時間做你想做的或需要做的事，你很可能就是現代版的奴隸；如果你沒有錢學習成功之道，那麼你可能比任何人都需要學它。很抱歉，「我沒有錢」實在不成理由。請問你什麼時候才會有錢？一年後，兩年後，還是五年後，你會跟現在有什麼不同嗎？不會！幾年後你還是會說同樣的話。

你只有一個方法能讓自己獲得你想要的金錢，那就是你要從內心到外在都學習如何玩金錢遊戲。你必須學習各種增加收入、管理金錢和有效投資的技巧和策略。什麼叫做神經病呢？就是你不斷做同一件事，卻期待能有不同的結果。聽好，如果你一直在做的事是有效的，那麼你早就又有錢又快樂了。你腦子裡那些反應只不過是你的藉口或是強詞奪理的說法。

我不願意扯破臉，但是我必須這樣做，這是我的工作。我相信，一個好的教練對學員的要求永遠會比學員對於自己的要求來得更高。否則你幹嘛需要一個教練？身為教練，我的目標就是訓練你，啓發你，鼓勵你，誘哄你，而且讓你看見，清清楚楚看見，究竟是什麼在阻礙著你。總之，我就是要盡一切努力把你推上新的生命層次。如果必要，我會把你徹底拆解，再重新組裝，我會想盡辦法讓你快樂十倍，有錢一百倍。如果你要找天下最樂觀的人，別來找我，如果你想要快速前進而且不斷前進，那麼，找我就對了。

成功是一種學得來的技術。你可以透過學習來讓自己成功，任何事情都可以。你可以學習成爲一個厲害的高爾夫球選手；你可以學習成爲一位偉大的鋼琴家；你可以學習成爲一個眞正快樂的人。如果你想要變有錢，你也可以學著做到。不管你現在位於人生的哪一個階段，也不管你從哪個地方開始，重要的是你願意學習。

很多人都知道我說過這句話：「每一位大師都曾經是個大失敗。」舉個例子。不久前我的課上來了一位奧運滑雪選手，聽到我說這句話，他站起來說他有話想講。他的態度很堅決，我以爲他會對我的話提出強烈的反對，結果不是。他說，他小時候是他們一群好朋友當中滑雪技術最爛的一個，他們有時候根本不找他一起滑雪，因爲他的速度太慢了。爲了打進朋友圈子裡，他每個週末一大早就上山練習，還去上課。很快的，他不但跟上了朋友們的水準，還超越了他們。後來他參加俱樂部，向一流的教練學習。

他是這麼說的：「也許現在我是一個滑雪大師，但我剛開始眞的是個大失敗。哈福說的非常有道理，你可以透過學習來讓自己成功，我學會了滑雪，我成功了；我的下一個目標就是在錢這件事上獲得成功！」

致富法則：

每一位大師都曾經是個大失敗。

沒有人一出生就是理財天才，每一個有錢人都是經由學習才知道如何在金錢遊戲裡獲勝，所以你也可以。記住這個座右銘：「如果他們做得到，我也可以！」

變成有錢人這件事，跟金錢上的實際收穫沒有那麼大的關係，而比較跟你爲了致富而在性格上和想法上變成了什麼樣的人有關。我想讓你知道一個很少很少人知道的秘密：可以最快讓你變有錢而且守住錢的方式，就是努力發展你自己！這個概念是讓你成長爲一個「成功」的人。況且，你的外在世界是你內在世界的反映。你是根源；你所得到的是果實。

我很喜歡一句話：「不管你到哪裡，你都帶著自己。」如果你讓自己成長爲一個成功的人，擁有強健的性格和心智，你自然就會在你所做的任何事上都得到成功。你會有力量做出清楚的決定；你會有能力選擇你要的工作、事業或投資領域，而且知道自己一定會成功——這段話是本書的精華所在。當你位在第五級，你就會得到第五級的結果；但是等你成長到第十級之後，你就會得到第十級的結果。

但是，請留心一個警告：如果你沒有做內在的功課，但是賺了一大筆錢，這很可能只是你一時幸運，而你很可能會失去它。可是，如果你成長為一個眞正成功的「人」，那麼你不但能得到財富，還可以保有它，使它成長，而且，你會眞心覺得快樂。

有錢人了解，成功的順序是：**成為→去做→擁有**。

窮人和小康人士卻認為，成功的順序是：**擁有→去做→成為**。

窮人和大部分小康人士以為：「如果我有了一大筆錢，我就能做我想做的事，然後我才成為一個成功的人。」

然而有錢人卻認為：「如果我成為一個成功的人，我就能夠做我需要做的事，得到我想要的一切，包括財富。」

這裡要說一件有錢人才知道的事：創造財富的目標，主要不在於擁有一大筆錢；創造財富，是為了幫助你成長為你所能成為的最佳的你。事實上，這是目標中的目標，讓你自己成長為一個「人」。曾經有人問國際知名歌手瑪丹娜，為什麼她要年年改變她的造型、音樂和風格。她回答，音樂是她表現「自我」的方式，每年不斷創新自己，可以強迫她成長為她想要成為的那種人。

簡言之，成功問的不是「什麼」，而是「**誰**」。往好處想，你是「誰」，是完全可以訓練和學習的。我應該知道，我不可能是完美的，甚至跟完美沾不上邊，但是當我看著今日的我，對照二十年前的我，我看到了在當時的「我和我的財富」（或說沒有財富）與現在的「我和我的財富」之間的直接關聯。我是靠著學習而得到成功，你也可以。這也是我今日從事教育訓練這一行的原因。我從自己的經驗中知道，人人都可以經由訓練獲得成功。我透過訓練得到成功，至今也訓練了數萬人關於成功之道。訓練確實有效！

有錢人和窮人、小康階層之間還有另一個很關鍵的差別：有錢人是他們那個領域的專家，小康階層在所處領域裡的表現平庸，窮人在他們那個領域裡的表現很糟糕。看看你自己，在你的行業中，你有多行？在你的工作中，你有多棒？你的事業表現可好？你想用完全中立的方法得知自己多厲害嗎？看看你的薪水吧。它說明了一切。很簡單：想得到最好的薪水，你必須是最好的。

在職業體育界可以清楚看到這項法則。一般而言，每一種運動裡最頂尖的運動員會拿到最高的酬勞。他們同時也能賺取最多的代言收入。同樣的原則在商業界和金融界一樣成立。不論你是事業主、專業人士或從事傳銷工作，不論你拿的是佣金或是固定薪水，不論你投資的是不動產、股票或其他任何項目，假設不論其他特殊條件，我們可以這麼說：你越厲害，就賺得越多。這也可以說明，爲什麼持續學習、增進專業技能是非常重要的事。

致富法則：

想得到最好的薪水，你必須是最好的。

談到學習，值得注意的是，有錢人不但能持續學習，他們還一定要找那些曾經走過他們想要走的路的人，向他們學習。對我來說，影響我最大的是我的學習對象。我一向堅持向各領域中眞正的大師學習，我不會去找那些宣稱自己是專家的人，而是去找那些可以用實際成果證明他們能力的人。

有錢人會向比自己更有錢的人請教。窮人則向朋友尋求建議，但朋友跟他一樣窮。

我最近與一位投資銀行家見面，他想跟我做生意。他建議我放幾十萬美金在他那邊當投資資金。然後他要我把我的財務狀況寄給他，讓他可以給我一些建議。

我看著他的眼睛說：「不好意思，不過這個順序是不是有點顛倒了？如果你要我聘請你幫我管理我的錢，那麼你先把你的財務狀況寄給我看，這是不是比較妥當？如果你不是眞的很有錢，那就不用麻煩了！」這個人嚇壞了。我想沒有人像我這樣，要先確定他的淨值是符合條件的，才要託他代爲投資。

實在荒謬。如果你想攀登喜馬拉雅山，你會聘請一個從來沒有登頂經驗的人當導遊，還是找一個已經登頂好幾趟、經驗豐富的人呢？

所以，沒錯，我確實是在建議你，認眞看待學習這件事，並且持續學習，同時還要注意你向誰學習、向誰尋求忠告。如果你是向很窮的人學習，就算他們是顧問、教練或規劃師，他們能教你的也只有一件事：如何變窮！

我大力建議你，雇用一位「成功教練」。一個好的教練會盯著你去做你說你想要做的事。有些教練是「生命」教練，他們可以處理所有的問題，而其他教練可能只有特定專長，專精的是專業表現、財務、商業、人際關係、健康或精神靈性等的其中一項兩項。你要了解你想找來當教練的人是什麼背景，務必確定此人在你所重視的這個領域上曾經成功過。

就像攀登喜馬拉雅山是有幾條路徑的，世上也有一些經過證明的途徑和策略，可以讓你創造高收入、快速達到財務自由、獲得財富，而你必須願意學習並使用這些方法。

另外，我們訓練課程中有一個金錢管理的方法，我強烈建議你把收入的一〇%放進教育基金帳戶，用這一筆錢去上課、買書或有聲書，或用在其他的教育課程。不論你是經由正規的教育體系繼續求學，或者是去私人的公司上訓練課程，或是找人進行一對一的教學，這個基金都可以讓你始終有能力學習和成長，而不是一直把那句「我已經知道了」掛在嘴上。你學得越多，你賺得就越多……而且你可以把那些帶去銀行！

提出宣言：請你把手放在你的心上，說：

「我致力於持續學習和成長！」

現在，摸著你的頭說：

「這是有錢人的腦袋！」

像有錢人一樣行動

1. 努力追求成長。每個月至少讀一本書，聽一卷教育性的有聲書，或是去上一堂關於金錢、商業或個人成長的課程。這些將會讓你的知識、自信和成功凌空飛翔！
2. 考慮聘請一位個人教練，幫助你走在軌道上。
3. 參加我們的密集訓練課程。這堂神奇的課程改變了數十萬人的生命，它也會改變你！

現在我該做什麼？

現在，你該做什麼？該從哪裡開始？

我說過了，而且我會一再一再一再地說：「光說不練是沒有用的。」我希望你讀這本書的時候覺得很愉快，更希望你能運用書裡的法則，讓你的人生產生戲劇性的變化。然而，光靠閱讀並不會帶來你所尋求的改變。閱讀只是個開端，如果你要在眞實世界裡得到成功，唯有採取行動才算數。

在本書第一篇，我介紹了「金錢藍圖」這概念。它非常簡單：你的金錢藍圖會決定你的金錢命運。你務必把我針對語言設定、模仿和特殊事件等主題所建議的練習都做過一遍，好讓你開始把你的藍圖轉變成可以支持你在金錢這件事上得到成功。我也鼓勵你練習我所建議的那些宣言，每天都做。

在本書第二篇，你學到了十七種有錢人不同於窮人及中間階層的思考方式。我建議你每天用大聲宣告的方式把這些「財富檔案」背起來，讓這些法則深植在你的腦海。你會發現，自己看待人生的方式變得非常不一樣，尤其是看待金錢的方式與以往大不相同。而後你就能夠做出新的選擇和決定，進而產生新的結果。爲了加速這個過程，你務必把每一個財富檔案後面所提供的行動練習都做過一遍。

這些行動練習非常重要。爲了達成恆久的改變，你必須是從細胞開始改變，也就是你的大腦線路必須重新設定。這表示你必須付諸行動，不能只是閱讀而已，也不能只是談論或是只思考它而已，而要眞正實踐。

小心你腦子裡面那個微小的聲音，它會說出類似「練習個鬼，我不需要練習也沒有時間練習」這樣的話。是誰在說話？是你那顆被舊習性制約了的心靈！它的目的是要讓你停留在原地，在你的舒服區域裡。你不要聽它的。趕快採取行動，快去練習，說出你的宣言，然後就能看著你的人生一飛沖天！

我也建議你，在接下來的一年裡，每個月把這本書從頭到尾讀再讀一次。「什麼？」你的小聲音可能會尖叫：「我已經讀過這本書了，爲什麼還需要重覆讀好幾遍？」好問題，答案也很簡單：重覆爲學習之母。而且，你越是研究這本書，這些概念就會越快變成你自然而然的習慣，不假思索的行動。

一定要上 www.millionairemindbook.com 網站（這是個英文網站）逛逛，點選「免費圖書紅利」(FREE BOOK BONUSES)，你將會獲得幾項非常有價值的禮物，包括：

一張適合列印鑲框的宣言清單；

有錢人的「每週思考」；

有錢人的「行動提醒」；

有錢人的「淨值追蹤報表」；

屬於你的「致富承諾」。

我起步比較早，靠著學習達到成功，所以現在輪到我來幫助別人了。我給自己設定的使命如下：「教育並啓發他人活出『更高的自我』，他們那基於勇氣、目標、歡樂，而非出於恐懼、需求、義務的自我。」

好了，差不多就這樣了。謝謝你花時間閱讀這本書。祝福你能擁有驚人的成功和眞正的快樂。期待很快能有機會與你見面。

祝你自由。

財富要與別人分享

眞正的富有，取決於一個人能夠付出多少。

——T・哈福・艾克

這本書教你觀察你在金錢方面的思考模式，並且挑戰你那些有所局限而消極的想法、習慣和行動。爲什麼要從金錢開始談？因爲在大部分人的生命中，錢是最大的痛苦來源之一；然而別忘了一個更大的背景。因爲，一旦你能開始辨認出你在財務問題上的消極方式，這個覺察就可以進入你生命中的其他層面。

這本書的本意是要幫助你提高自覺。自覺，是指你觀察自己的想法和行動，讓你自己從此時此刻的眞正選擇出發，而不是從你過去受到制約的基礎而行動。這股力量，是關於你如何從自己的更高自我產生反應，而非根據你基於恐懼的「較低」自我。如此一來，你就可以成爲你所能成爲的最棒的人，並且完成你的使命。

但是你還要知道，這種改變的本質不只是關於你，而是關於整個世界。我們的世界只不過是反映了編造它的人是什麼樣子；所以，假如每一個人都提升自己的意識，這世界也會提高它的意識，從恐懼到勇敢，從仇恨到愛，從匱乏到人人豐足。

只看我們要不要啓發自己，讓自己爲世界增加更多的光亮。

如果你想要這個世界成爲某一種樣子，你必須先成爲那個樣子。如果你想要世界變成更好的地方，你要先讓自己變得更好。這也就是爲什麼，我相信，讓自己成長到可以發揮最大的潛能，創造豐裕和成功的人生，是你自己的責任。爲了達到這個目的，你必須能幫助其他人，用正面的方式爲世界添加益處。

所以我要請求你，把你這份自覺與力量和別人分享。把這本書所傳遞的訊息多多散播出去，至少告訴一百個朋友、家人和事業夥伴，或是把這本書送給他們，改變他們的人生。他們不但會接觸到強而有力的金錢觀念，還可以學習到如何觀察自己的思考方式，提升自我意識，進而提升整個地球的意識。如果你能帶他們來參加我們的密集訓練，那更好。你能與你的朋友家人一起分享這個特別的經驗，實在是一件值得祝福的事。我的夢想是，一本書，一堂課，一次一個人，我們可以讓世界變得更好。我請求你的支持，讓我這個夢想成爲事實。

謝謝你。

國家圖書館出版品預行編目資料

有錢人想的和你不一樣／T. Harv Eker著；
陳佳伶譯.-- 初版.-- 臺北市：
大塊文化，2005 [民 94]
面：　公分.-- (Smile ; 65)
譯自：Secrets of the millionaire mind :
mastering the inner game of wealth
ISBN 986-7291-81-6(平裝)

1. 金錢心理學 2. -心理方面

563.014　　　94022668

105 台北市南京東路四段25號11樓

大塊文化出版股份有限公司 收

地址：□□□ ＿＿＿＿市／縣＿＿＿＿鄉／鎮／市／區

＿＿＿＿路／街＿＿段＿＿巷＿＿弄＿＿號＿＿樓

姓名：

請沿虛線撕下後對折裝訂寄回，謝謝！

大塊 LOCUS 文化

編號：SM 065　書名：有錢人想的和你不一樣

大塊文化 讀者回函卡

謝謝您購買這本書，爲了加強對您的服務，請您詳細塡寫本卡各欄，寄回大塊出版（免附回郵）即可不定期收到本公司最新的出版資訊。

姓名：＿＿＿＿＿＿ 身分證字號：＿＿＿＿＿＿ 性別：□男 □女

出生日期：＿＿年＿＿月＿＿日 聯絡電話：＿＿＿＿＿＿

住址：＿＿＿＿＿＿＿＿＿＿＿＿

E-mail：＿＿＿＿＿＿＿＿＿＿＿＿

學歷：1.□高中及高中以下 2.□專科與大學 3.□研究所以上

職業：1.□學生 2.□資訊業 3.□工 4.□商 5.□服務業 6.□軍警公教 7.□自由業及專業 8.□其他

您所購買的書名：＿＿＿＿＿＿＿＿＿＿

從何處得知本書：1.□書店 2.□網路 3.□大塊電子報 4.□報紙廣告 5.□雜誌 6.□新聞報導 7.□他人推薦 8.□廣播節目 9.□其他

您以何種方式購書：1.逛書店購書 □連鎖書店 □一般書店 2.□網路購書 3.□郵局劃撥 4.□其他

您購買過我們那些書系：

1.□touch系列 2.□mark系列 3.□smile系列 4.□catch系列 5.□幾米系列 6.□from系列 7.□to系列 8.□home系列 9.□KODIKO系列 10.□ACG系列 11.□TONE系列 12.□R系列 13.□GI系列 14.□together系列 15.□其他

您對本書的評價：(請塡代號 1.非常滿意 2.滿意 3.普通 4.不滿意 5.非常不滿意)

書名＿＿＿ 內容＿＿＿ 封面設計＿＿＿ 版面編排＿＿＿ 紙張質感＿＿＿

讀完本書後您覺得：

1.□非常喜歡 2.□喜歡 3.□普通 4.□不喜歡 5.□非常不喜歡

對我們的建議：＿＿＿＿＿＿＿＿＿＿

＿＿＿＿＿＿＿＿＿＿

＿＿＿＿＿＿＿＿＿＿

LOCUS

LOCUS

LOCUS

LOCUS